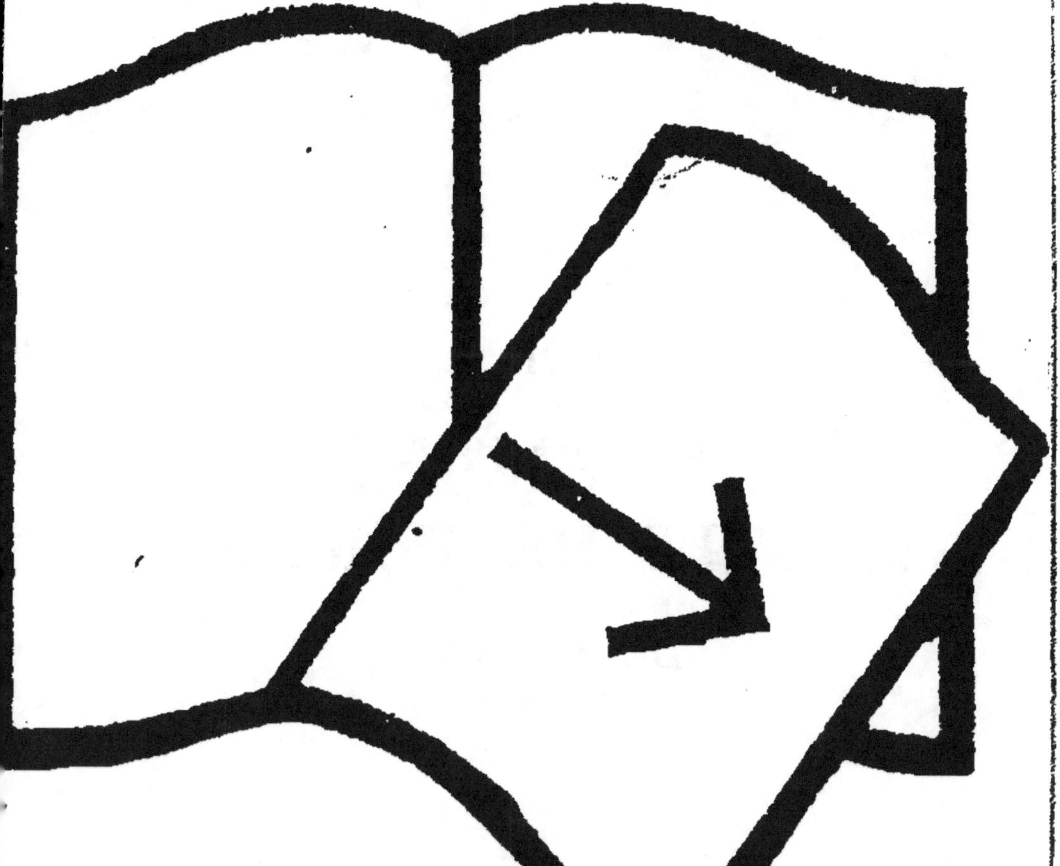

Couvertures supérieure et inférieure manquantes

CHOIX

DES PETITS

TRAITÉS DE MORALE

DE NICOLE

TYPOGRAPHIE DE CH. LAHURE
Imprimeur du Sénat et de la Cour de Cassation
rue de Vaugirard, 9

Original en couleur

NF Z 43-120-8

CHOIX
DES PETITS
TRAITÉS DE MORALE
DE NICOLE

DE LA FOIBLESSE DE L'HOMME
DE LA SOUMISSION A LA VOLONTÉ DE DIEU
DES DIVERSES MANIÈRES DONT ON TENTE DIEU
DES MOYENS DE CONSERVER LA PAIX AVEC LES HOMMES
DE LA CIVILITÉ CHRÉTIENNE

ÉDITION REVUE ET CORRIGÉE

PAR

M. SILVESTRE DE SACY
MEMBRE DE L'ACADÉMIE FRANÇOISE

PARIS

J. TECHENER, LIBRAIRE
RUE DE L'ARBRE-SEC
PRÈS LA COLONNADE DU LOUVRE

PRÉFACE.

Dans ce nouveau volume de la *Bibliothèque spirituelle*, j'offre au public un choix des Traités de morale de Nicole. Si j'avais suivi mon goût, je n'aurais pas choisi entre ces traités; je les aurais publiés tous, tous ceux du moins qui forment cette partie des *Essais de morale* de Nicole, connue sous le nom de *Petits traités*, monuments accomplis de la science et de la sagesse chrétienne, véritables chefs-d'œuvre de finesse et de profondeur dans l'observation, de solidité dans les principes, de justesse et de force dans le raisonnement. Ce qui manque à Nicole, je ne l'ignore pas, c'est l'onction. Il n'a ni l'imagination naïve et tendre de saint François de Sales, ni la grâce attrayante de Fénelon. Esprit calme et doux, il n'enfonce pas le trait comme Pascal. Esprit méthodique et réfléchi, il attaque l'âme par le raisonnement et l'ébranle à la fin; il ne la terrasse pas, comme Bossuet, par ces coups soudains d'éloquence, qui dispensent des longueurs de la dialectique. Nicole n'est ni l'orateur qui prêche, ni l'âme fervente qui prie et qui s'épanche; c'est le solitaire qui médite. Tout en lui respire la sévérité chrétienne. Son style, clair et pur, abondamment pourvu des qualités solides, manque des qualités brillantes, et n'est beau que par son austérité. Dans le raisonnement même Nicole va quelquefois, il faut le reconnaître, jusqu'à la subtilité. Disciple de Port-Royal, et le plus illustre des écrivains de cette école après Pascal, il ne connaît que l'Évangile; il ne juge le monde que sur les règles chrétiennes ; il n'approfondit le cœur que pour ne pas lui laisser un seul moyen d'échapper à Dieu; l'amour-propre, dans ses déguisements les plus spécieux et dans ses réserves en apparence les plus innocentes, n'obtient de lui qu'une condamnation sans pitié ; il le poursuit jusque sous la forme du détachement et de la pénitence. Nicole, en un mot, avec moins de génie de style, mais avec plus d'élévation d'âme, est le La Rochefoucauld chrétien!

Aussi la lecture de ses œuvres faisait-elle les délices du xviie siècle, de ce siècle plus remarquable encore par son bon sens et par sa solidité que par ses grâces et par son génie. Racine et Boileau étaient les amis et les admirateurs de Nicole. Bossuet, quoique la modération de ses principes le tînt dans un certain éloignement de Port-Royal, professait beaucoup d'estime pour Nicole, et nous en a laissé le témoignage authentique dans sa correspondance (Lettre du 7 décembre 1691). Du fond de sa retraite, Nicole, timide et renfermé en lui-même, dirigeait et inspirait tout son siècle par ses Traités de morale. On le lisait dans ces rigides maisons du faubourg Saint-Jacques, où les hommes les plus brillants de la cour et du monde, des généraux, des ministres, des gens de lettres, venaient, au terme de leur carrière, se préparer par la pénitence à une fin chrétienne, et mettre, comme l'on disait alors, un intervalle entre la vie et la mort. On ne le lisait pas moins au milieu même de la dissipation des plaisirs et de l'entraînement des affaires. Les femmes les plus légères, les hommes les plus livrés à l'enchantement du monde, savaient bien alors se réserver quelques heures pour méditer avec Nicole sur la vanité de tout ce qui n'est pas Dieu et le salut. S'ils ne se convertissaient pas encore, ils voulaient du moins savoir d'avance ce que c'est qu'une véritable et sincère conversion. Ils étudiaient le christianisme, pour ne pas s'y tromper le jour où Dieu leur ferait la grâce de vouloir être chrétiens. En cela, comme en toutes choses, ils recherchaient le vrai, et goûtaient particulièrement dans Nicole cette sévérité même qui nous effraye.

Mme de Sévigné le lisait et le relisait avec transport. Aux Rochers surtout c'était son étude favorite. Il n'y a pas de sujet dont elle entretienne plus volontiers sa fille. « Je lis M. Nicole avec
« un plaisir qui m'enlève, lui dit-elle
« dans sa lettre du 30 septembre 1671;
« surtout je suis charmée du troisième
« traité : *Des moyens de conserver la*
« *paix avec les hommes*. Lisez-le, je
« vous prie, avec attention, et voyez
« comme il fait voir nettement le cœur
« humain, et comme chacun s'y trouve,

« et philosophes, et jansénistes, et mo-
« linistes, et tout le monde enfin : ce
« qui s'appelle chercher dans le fond
« du cœur avec une lanterne, c'est ce
« qu'il fait; il nous découvre ce que
« nous sentons tous les jours, et que
« nous n'avons pas l'esprit de démê-
« ler ou la sincérité d'avouer; en un
« mot, je n'ai jamais vu écrire comme
« ces messieurs-là. »

Et dans une autre lettre du 4 novembre de la même année : « Parlons un
« peu de M. Nicole; il y a longtemps
« que nous n'en avons rien dit. Je
« trouve votre réflexion fort bonne et
« fort juste sur l'indifférence qu'il veut
« que nous ayons pour l'approbation
« ou l'improbation du prochain. Je
« crois, comme vous, qu'il faut un peu
« de grâce, et que la philosophie ne

« suffit pas. Il nous met à si haut prix
« la paix et l'union avec le prochain,
« qu'il n'y a pas moyen après cela
« d'être indifférente sur ce que le
« monde pense de nous. Devinez ce
« que je fais, je recommence ce traité ;
« je voudrais en faire un bouillon et l'a-
« valer. Ce qu'il dit de l'orgueil et de
« l'amour-propre, qui se trouvent dans
« toutes les disputes, et que l'on couvre
« du beau nom de l'amour de la vé-
« rité, est une chose qui me ravit. En-
« fin, ce traité est fait pour bien du
« monde ; mais je crois qu'on n'a eu
« principalement que moi en vue. Il
« dit que l'éloquence et la facilité de
« parler donnent un certain éclat aux
« pensées ; cette expression m'a paru
« fort belle et nouvelle ; le mot d'*éclat*
« est bien placé, ne le trouvez-vous

« pas ? Il faut que nous relisions ce livre
« à Grignan ; si j'étais votre garde pen-
« dant votre couche, ce serait notre
« fait : mais que puis-je faire de si
« loin ? » On pourrait extraire des lettres de Mme de Sévigné vingt passages du même genre.

Voilà donc ce que pensait des Traités de morale de Nicole la femme la plus spirituelle du siècle de Louis XIV, l'amie du duc de La Rochefoucauld et des personnages les plus illustres de cette époque, Mme de Sévigné, chrétienne par le cœur, dévouée par raison aux principes sévères de Port-Royal, mais femme du monde pourtant, et tout occupée encore des frivolités et des amusements de la vie ! Voilà ce qu'elle écrivait à sa fille, entre les anecdotes scandaleuses de la cour et les plaisanteries malignes que lui inspirait *le prochain* de Rennes ou de Vitré ! Pour lire Nicole, elle quittait tout, jusqu'aux romans favoris de sa jeunesse, et aux aventures de la Cléopâtre ou du grand Cyrus. Son esprit enjoué cherchait avec bonheur dans Nicole un moment de méditation sérieuse. C'était là qu'elle puisait ce fond de régularité et de vertu qui la soutint, durant un long veuvage, contre toutes les séductions de la cour, et contre l'attrait plus corrupteur et plus dangereux peut-être de l'admiration publique. C'était par ces lectures qu'elle se préparait de loin à une mort courageuse. Aussi le dernier jour la trouva-t-il ferme et résignée. « Cette personne si tendre et si faible « pour tout ce qu'elle aimait, » écrit M. de Grignan à M. de Coulanges, au moment où Mme de Sévigné venait de mourir, « n'a trouvé que du cou-« rage et de la religion quand elle a cru « ne devoir songer qu'à elle, et nous « avons dû remarquer de quelle utilité « et de quelle importance il est de se « remplir l'esprit de bonnes choses et « de saintes lectures pour lesquelles « Mme de Sévigné avait un goût, pour « ne pas dire une avidité surprenante, « par l'usage qu'elle a su faire de ces « bonnes provisions dans les derniers « moments de sa vie. » Heureux le siècle où l'on achetait, par quelques heures de lecture, de si belles et de si saintes morts !

Au siècle suivant, l'ascendant de la philosophie n'ôta rien à Nicole de sa réputation. Voltaire, qui dénigre sourdement Bossuet et Pascal, loue

Nicole sans arrière-pensée. « Ce qu'il « a écrit contre les jésuites n'est guère « lu aujourd'hui, » dit-il dans son catalogue des écrivains du siècle de Louis XIV, « et ses *Essais de morale*, « qui sont utiles au genre humain, ne « périront pas. Le chapitre surtout des « moyens de conserver la paix dans la « société est un chef-d'œuvre auquel « on ne trouve rien d'égal en ce genre « dans l'antiquité ; mais cette paix est « peut-être aussi difficile à établir dans « la société que celle de l'abbé de « Saint-Pierre. » Ce dernier trait, qui n'est qu'une plaisanterie d'ailleurs, tombe à faux. Voltaire confond la morale avec la politique. Une politique sensée n'aspire qu'au possible. La morale propose aux hommes le parfait. Aussi Nicole est-il un sage, et l'abbé de Saint-Pierre n'était qu'un rêveur!

Ces lignes n'en prouvent pas moins quel cas les philosophes eux-mêmes faisaient de Nicole. A plus forte raison l'auteur des *Essais de morale* conservait-il tout son crédit dans les familles pieuses. Les jansénistes n'étaient pas les seuls qui le lussent. Quiconque aspirait à une vie chrétienne en cherchait les règles dans Nicole. Grâce à la modération de son esprit, et à la timidité même de son caractère, Nicole avait su éviter les orages qui fondirent sur Arnauld et, plus tard, sur le P. Quesnel. Athlète infatigable, Quesnel eut la célébrité de l'homme de parti. Ses *Réflexions morales* sur le Nouveau Testament, frappées d'une condamnation rigoureuse, après trente ans d'un succès paisible, devinrent comme un drapeau de division et de guerre civile dans l'Église ; pendant tout un siècle, la bulle *Unigenitus* souleva d'inflexibles résistances, et cette longue lutte empreignit le jansénisme d'un caractère de secte qu'il n'avait pas eu jusque-là. Port-Royal lui-même aurait eu de la peine, je crois, à reconnaître ses enfants dans les auteurs de la constitution civile du clergé, dans ces durs jansénistes de 1789, dont quelques-uns allèrent plus tard jusqu'à ratifier, par leur approbation, la mort de Louis XVI. Le livre de Quesnel fut le livre des fervents. Nicole resta l'apôtre du jansénisme mitigé. Il réunissait plutôt les esprits et servait comme de lien entre les deux fractions qui séparaient l'Église. On le lisait en famille. Ce rôle de prédicateur du foyer domestique, il l'a gardé presque jusqu'à nos jours. J'ai encore vu toute une famille se rassembler le dimanche pour lire en commun quelques pages de Nicole sur l'évangile du jour. Un long silence de recueillement suivait la pieuse lecture. J'ai vu cette morale austère servir de loi à des femmes d'un esprit d'ailleurs brillant et orné, à des hommes d'une science profonde, à de jeunes filles, à des enfants ! Je l'ai vue régler leurs paroles, leurs actions, et jusqu'à leurs pensées et à leurs désirs ! Rien de contraint pourtant, rien qui sentît la soumission servile et la gêne de l'esprit ou du cœur dans ces antiques maisons ! Les habitudes y étaient profondément religieuses, mais libres et volontaires. On trouvait le moyen d'y accorder l'enjouement de l'esprit, la hardiesse même de la pensée, avec la sévérité de la foi et des mœurs. On s'y interdisait tout ce que l'Évangile interdit, sans ajouter les petitesses de la dévotion à la rigueur sublime de la loi divine!

Quel abîme sépare aujourd'hui nos mœurs de celles de nos pères! Que la société actuelle ressemble peu à celle que nous avons vue, nous qui avons vécu encore avec les restes de l'ancienne société française! Nos révolutions politiques, nos changements de constitution et de dynastie ne sont rien au prix de la révolution qui s'est opérée depuis trente ans dans le fond même des habitudes et des mœurs. On est encore incrédule ou fidèle, homme de piété ou homme du monde, philosophe ou chrétien : on ne l'est plus avec ce feu, avec cette verve, avec cette sincérité complète et profonde. Tout a changé. Ah! nos pères font bien de dormir dans la paix du tombeau! Il n'y aurait plus de place pour eux dans leurs propres familles!

Aussi ai-je hésité, je l'avoue, à offrir aux hommes de mon temps ce choix modeste des Traités de morale de Nicole, et Dieu veuille que je n'aie pas été téméraire en pensant que ce qu'il y a d'éternellement vrai dans ces réflexions d'un philosophe chrétien ferait passer sur une forme qui n'est plus celle de la piété de nos jours. Les traités que j'ai choisis, si l'on en excepte celui qui a pour titre : *Des manières dont on tente Dieu*, sont des œuvres de philosophie morale, autant au moins que des œuvres de dévotion. Mais que dira notre siècle d'un philosophe qui n'a que l'Évangile pour règle de ses jugements, et qui ne voit que le remède de nos infirmités et le témoignage éclatant de notre misère dans tout ce que nous appelons à présent le progrès des arts et de la civilisation? C'est pourtant ce qui m'a fait choisir et mettre en tête de ce recueil, le *Traité sur la faiblesse de l'homme*. S'il y a des gens qui sentent et qui pensent comme moi, ils pardonneront sans peine au moraliste de Port-Royal de fouler aux pieds cette civilisation toute terrestre, que l'on nous donnerait volontiers aujourd'hui pour le dernier mot de la Providence et de l'homme. Le *Traité sur la soumission à la volonté de Dieu*, le second de ceux que j'ai conservés, est admirable. Jamais on n'a mis dans un plus grand jour les ressorts de cette justice secrète qui applique une peine à chaque faute, et qui nous fait être les uns à l'égard des autres, et nous-mêmes à l'égard de nous-mêmes, les exécuteurs des arrêts de miséricorde ou de châtiment partis d'en haut. Le *Traité sur les manières dont on tente Dieu* est plus théologique, il l'est trop peut-être. Je l'ai conservé, parce qu'il abonde en réflexions ingénieuses, et qu'il porte plus qu'aucun autre le caractère propre du génie de l'auteur. Je ne dirai rien, après Mme de Sévigné et Voltaire, sur le quatrième Traité, celui *des moyens de conserver la paix avec le monde.* C'est le chef-d'œuvre du moraliste chrétien. La Bruyère n'a rien de plus fin, Pascal rien de plus profond. Si je ne me trompe, on retrouve dans ce traité quelque chose du génie même d'Aristote, tant Nicole a su être complet en peu de pages, et embrasser dans cet ingénieux catalogue tout ce qui peut blesser l'amour-propre, tout ce que la charité doit éviter ! Le *Traité de la civilité chrétienne* n'est qu'un complément de celui-ci. Nicole, avec cette connaissance du cœur que donne seule la morale évangélique, y expose le moyen de tourner en commerce de charité ce qui n'est le plus souvent qu'un échange de mensonges et de flatteries. Nulle part peut-être Nicole n'a déployé autant de finesse et de pénétration, je dirais presque de grâce et d'amabilité.

Les *Essais de morale* n'ont pas moins de vingt volumes : voilà tout ce que j'ai cru devoir en extraire pour les lecteurs de notre siècle. Mais que de richesses dans ce peu de pages ! Quelle intelligence profonde des principes de l'Évangile ! Quel admirable tableau de la sainteté chrétienne ! la sainteté, le vrai titre de gloire du christianisme, et le plus éclatant de ses miracles ! Non, le christianisme n'a pas inventé la morale. Il y a eu des hommes vertueux avant l'Évangile ; il y a eu des âmes courageuses, des cœurs droits et honnêtes. Il n'est pas nécessaire de calomnier les Aristide, les Socrate, les Caton, les Régulus, et de leur chercher des vices qu'ils n'ont pas eus, ou de relever malignement leurs faiblesses, pour établir la supériorité du christianisme. L'antiquité a eu des sages et des héros : elle n'a pas eu de saints. Dieu seul pouvait en former ; l'Évangile seul en a produit. Et qu'est-ce que toute la sagesse et que tout l'héroïsme profanes comparés à la sainteté, à la vraie sainteté ?

Dans les vertus païennes les plus brillantes, on sent toujours je ne sais quoi de passager comme le temps et de périssable comme le monde, car elles ne se rapportent qu'à l'homme. C'est l'orgueil national qui les inspire, ou le désir de la renommée, ou l'amour d'une égoïste et abstraite sagesse. Un esprit bien différent anime la sainteté chrétienne. Rapportant tout à Dieu, n'attendant rien que de Dieu, son royaume n'est pas de ce monde, et l'on sent bien que cette vie qui passe n'est pour elle que le prélude d'une vie qui ne passera pas. Je parle ici en homme du monde, et je n'ai aucun titre pour parler autrement. Mais je le déclare dans toute la sincérité de mon âme, il n'y a pas d'Alexandre, il n'y a pas de César qui ne me paraisse petit devant le plus petit des saints. Il n'y a pas de victoire, il n'y a pas de conquête qui égale cette conquête de soi-même qu'une simple religieuse, un pauvre artisan opère tous les jours dans l'obscurité de la vie la plus modeste. Il n'est pas jusqu'aux faiblesses des saints qui n'aient quelque chose de vénérable et de touchant par l'humilité qui les rachète. Leur esprit peut être étroit ; leur cœur est immense comme la charité qui le remplit. Plus on les étudie de près, plus ils semblent grands. Il sort du fond de leur âme je ne sais quelle lumière divine qui étonne et qui ravit. On comprend qu'ils sont plus beaux encore et plus purs au dedans qu'ils ne le paraissent au dehors. C'est la justice même qui vit en eux.

Les conditions de la sainteté chrétienne, personne ne les a retracées d'une main plus savante et plus ferme que Nicole.

S. DE SACY.

DE LA

FOIBLESSE DE L'HOMME.

Miserere mei, Domine, quoniam infirmus sum.
           Psalm. VI, v. 3.
Ayez pitié de moi, Seigneur, parce que je suis foible.

CHAPITRE PREMIER.

IDÉE QUE L'ORGUEIL NOUS DONNE DE NOUS-MÊMES. ON NE TRAVAILLE DANS LE MONDE QUE POUR EMBELLIR CETTE IDÉE. QUE L'ORGUEIL DE TOUS LES PEUPLES EST DE MÊME NATURE, DES GRANDS, DES PETITS, DES NATIONS POLICÉES ET DES SAUVAGES.

L'ORGUEIL est une enflure du cœur par laquelle l'homme s'étend et se grossit en quelque sorte en lui-même, et rehausse son idée par celle de force, de

A

grandeur et d'excellence. C'est pourquoi les richesses nous élèvent, parce qu'elles nous donnent lieu de nous considérer nous-mêmes comme plus forts et plus grands. Nous les regardons, selon l'expression du sage, comme une ville forte qui nous met à couvert des injures de la fortune, et nous donne moyen de dominer sur les autres. *Les richesses du riche sont comme une ville qui le fortifie.* SUBSTANTIA *divitis urbs roboris ejus*[1]; et c'est ce qui cause cette élévation intérieure qui est le ver des richesses, comme dit saint Augustin.

L'orgueil des grands est de même nature que celui des riches, et il consiste de même dans cette idée qu'ils ont de leur force. Mais comme en se considérant seuls ils ne pourroient pas trouver en eux-mêmes de quoi la for-

---

[1] Prov. 18. 11. T. V, Serm. 61. n. 10.

mer, ils ont accoutumé de joindre à leur être l'image de tout ce qui leur appartient, et qui est lié à eux. Un grand dans son idée n'est pas un seul homme, c'est un homme environné de tous ceux qui sont à lui, et qui s'imagine avoir autant de bras qu'ils en ont tous ensemble, parce qu'il en dispose et qu'il les remue. Un général d'armée se représente toujours à lui-même au milieu de tous ses soldats. Ainsi, chacun tâche d'occuper le plus de place qu'il peut dans son imagination, et l'on ne se pousse et ne s'agrandit dans le monde que pour augmenter l'idée que chacun se forme de soi-même. Voilà le but de tous les desseins ambitieux des hommes. Alexandre et César n'ont point eu d'autre vue dans toutes leurs batailles que celle-là. Et si l'on demande pourquoi le Grand Seigneur a fait depuis peu périr cent mille hommes devant Candie, on peut répondre sûrement que ce n'est que pour attacher encore à cette image intérieure qu'il a de lui-même le titre de conquérant.

C'est ce qui nous a produit tous ces titres fastueux qui se multiplient à mesure que l'orgueil intérieur est plus grand ou moins déguisé. Je m'imagine que celui qui s'est le premier appelé *haut et puissant seigneur*, se regardoit comme élevé sur la tête de ses vassaux, et que c'est ce qu'il a voulu dire par cette épithète de *haut*, si peu convenable à la bassesse des hommes. Les nations orientales surpassent de beaucoup celles de l'Europe dans cet amas de titres, parce qu'elles sont plus sottement vaines. Il faut une page entière pour expliquer les qualités du plus petit roi des Indes, parce qu'ils y comprennent le dénombrement de leurs revenus, de leurs éléphants et de leurs pierreries, et que tout cela fait partie de cet être imaginaire, qui est l'objet de leur vanité.

Peut-être même que ce qui fait désirer aux hommes avec tant de passion l'approbation des autres, est qu'elle les affermit et les fortifie dans l'idée qu'ils ont de leur excellence propre ; car ce sentiment public les en assure, et leurs approbateurs sont comme autant de témoins qui les persuadent qu'ils ne se trompent pas dans le jugement qu'ils font d'eux-mêmes.

L'orgueil qui naît des qualités spirituelles est de même genre que celui qui est fondé sur des avantages extérieurs ; et il consiste de même dans une idée qui nous représente grands à nos yeux, et qui fait que nous nous jugeons dignes d'estime et de préférence, soit que cette idée soit formée sur quelque qualité que l'on connoisse distinctement en soi ; soit que ce ne soit qu'une image confuse d'une excellence et d'une grandeur que l'on s'attribue.

C'est aussi cette idée qui cause le plaisir ou le dégoût que l'on trouve dans quantité de petites choses qui nous flattent ou qui nous blessent, sans que l'on en voie d'abord la raison. On prend plaisir à gagner à toutes sortes de jeux, même sans avarice, et l'on n'aime point à perdre. C'est que quand on perd, on se regarde comme malheureux, ce qui renferme l'idée de foiblesse et de misère ; et quand on gagne on se regarde comme heureux, ce qui présente à l'esprit celle de force, parce qu'on suppose qu'on est favorisé de la fortune. On parle de même fort volontiers de ses maladies ou des dangers que l'on a courus, parce qu'on se regarde en cela, ou comme étant protégé particulièrement de Dieu, ou comme ayant beaucoup de force ou beaucoup d'adresse pour résister aux maux de la vie.

CHAPITRE II.

QU'IL FAUT HUMILIER L'HOMME EN LUI FAISANT CONNOÎTRE SA FOIBLESSE, MAIS NON EN LE RÉDUISANT A LA CONDITION DES BÊTES.

Si donc l'orgueil vient de l'idée que l'homme a de sa propre force et de sa propre excellence, il semble que le meilleur moyen de l'humilier soit de le convaincre de sa foiblesse. Il faut piquer cette enflure pour en faire sortir le vent qui la cause. Il faut le détromper de l'illusion par laquelle il se représente grand à soi-même, en lui montrant sa petitesse et ses infirmités, non afin de le réduire par là à l'abattement et au désespoir, mais afin de le porter à chercher en Dieu le soutien, l'appui, la grandeur et la force qu'il ne peut trouver en son être, ni dans tout ce qu'il y joint.

Mais il faut bien se donner de garde de le faire en la manière de certains auteurs, qui, sous prétexte d'humilier l'orgueil de l'homme, l'ont voulu réduire à la condition des bêtes, et se sont portés jusqu'à soutenir qu'il n'avoit aucun avantage sur les autres animaux. Ces discours font un effet tout contraire à celui qu'ils ont prétendu, et ils passent justement plutôt pour des jeux d'esprit que pour des discours sérieux. Il y a dans l'homme un sentiment si vif et si clair de son excellence au-dessus des bêtes, que c'est en vain que l'on prétend l'obscurcir par de petits raisonnements et de petites histoires vaines ou fausses. Tout ce que la vérité peut faire est de nous humilier, et souvent même on ne trouve que trop de moyens de rendre toutes ses lumières inutiles, quelque vives qu'elles soient. Que peut-on donc espérer de ces petites raisons, dont on sent la fausseté par un témoignage intérieur, qu'on ne sauroit étouffer?

Qu'il est à craindre que ces discours, au lieu de naître d'une reconnoissance sincère de la bassesse de l'homme, et d'un désir d'abattre son orgueil, ne viennent au contraire d'une secrète vanité ou d'une corruption encore plus grande! Car il y a des gens qui, voulant vivre comme des bêtes, ne trouvent rien de fort humiliant dans les opinions qui les rendent semblables aux bêtes; ils y trouvent au contraire un secret soulagement, parce que leurs déréglemens leur deviennent moins honteux, en paroissant plus conformes à la nature. Ils sont d'ailleurs bien aises de rabaisser avec eux ceux dont l'éclat et la grandeur les incommode, et ils ne se soucient guère de n'être pas différents des bêtes, pourvu qu'ils mettent au même rang les rois et les princes, les savants et les philosophes.

Ne nous amusons donc point à chercher dans ces vaines fantaisies des preuves de notre foiblesse, nous en avons assez de véritables et de réelles dans nous-mêmes. Il ne faut que considérer pour cela notre corps et notre esprit, non de cette vue superficielle et trompeuse, par laquelle on se cache ce que l'on n'en veut pas voir, et l'on n'y voit que ce qui plaît, mais d'une vue plus distincte, plus étendue et plus sincère, qui nous découvre à nous-mêmes tels que nous sommes, et qui nous montre ce que nous avons véritablement de foiblesse, de force, de bassesse et de grandeur.

CHAPITRE III.

DESCRIPTION DE L'HOMME, ET PREMIÈREMENT DE LA MACHINE DE SON CORPS. COMBIEN L'IDÉE QU'IL A DE SA FORCE EST MAL FONDÉE. L'HOMME FUIT DE SE COMPARER AUX AUTRES CRÉATURES, DE PEUR DE RECONNOÎTRE SA PETITESSE EN TOUTES CHOSES. IL LE FAUT FORCER A FAIRE CETTE COMPARAISON.

En regardant l'homme comme de loin, nous y apercevons d'abord une âme et un corps attachés et liés ensemble par un nœud inconnu et incompréhensible, qui fait que les impressions du corps passent à l'âme, et que les impressions de l'âme passent au corps, sans que personne puisse concevoir la raison et le moyen de cette communication entre des natures si différentes.

Ensuite, en s'en approchant comme de plus près, pour connoître plus distinctement ces différentes parties, on voit que ce corps est une machine composée d'une infinité de tuyaux et de ressorts propres à produire une diversité infinie d'actions et de mouvements, soit pour la conservation même de cette machine, soit pour d'autres usages auxquels on l'emploie, et que l'âme est une nature intelligente, capable de bien et de mal, de bonheur et de misère, qu'il y a certaines actions de la machine du corps qui se font indépendamment de l'âme; qu'il y en a d'autres où il faut qu'elle contribue par sa volonté, et qui ne se feroient pas sans elle; et que de ces actions les unes sont nécessaires à la conservation même de la machine, comme le boire et le manger, les autres sont destinées à d'autres fins.

Cette machine, quoique unie si étroitement à un esprit, n'est ni immortelle, ni incapable d'être troublée et déréglée ; au contraire elle est d'une telle nature, qu'elle ne peut durer qu'un certain nombre d'années, et qu'elle renferme en soi des causes de sa destruction et de sa ruine. Souvent même elle se rompt et se défait en fort peu de temps. Elle est sujette, lors même qu'elle subsiste, à une infinité de déréglements pénibles qu'on appelle des maladies. Les médecins ont en vain essayé d'en faire le dénombrement. Il y en a plus qu'ils n'en sauroient connoître, parce que cette multitude innombrable de ressorts et de tuyaux déliés qui doivent donner passage à des humeurs et à des esprits, ne peut presque subsister sans qu'il y arrive du désordre ; et ce qu'il y a de plus fâcheux, est que ce désordre ne demeure pas dans le corps ; il passe à l'esprit, il l'afflige, il l'inquiète, il le travaille, et il lui cause de la douleur et de la tristesse.

L'homme a le pouvoir de remuer certaines parties de sa machine qui obéissent à sa volonté; et par le mouvement de cette machine, il remue aussi quelques corps étrangers selon le degré de sa force. Cette force est un peu plus grande dans les uns que dans les autres, mais elle est fort petite en tous : de sorte que pour ses ouvrages un peu plus considérables, il est obligé de se servir des grands mouvements qu'il trouve dans la nature, qui sont ceux de l'eau, de l'air et du feu. C'est par là qu'il supplée à sa foiblesse, et qu'il fait beaucoup plus qu'il ne pourroit faire par lui-même. Mais avec tout cela, tout ce qu'il fait est fort peu de chose; et c'est en le considérant avec tous les secours qu'il peut emprunter des corps étrangers par son industrie, que nous ferons voir que la vanité qu'il tire de sa puissance et de sa force est très-mal fondée.

Mais ce qui fait naître ou qui entretient dans l'homme cette idée présomptueuse, c'est que l'amour-propre le resserre et le renferme tellement en lui-même, que de toutes les choses du monde il ne s'applique qu'à celles qui ont rapport à lui, et qui sont liées avec lui. Il se fait en quelque sorte une éternité de sa vie, parce qu'il ne s'occupe point de tout ce qui est au deçà et au delà; et un monde du petit cercle de créatures qui l'environnent, sur lesquelles il agit, ou qui agissent sur lui; et c'est par la place qu'il se donne dans ce petit monde, qu'il se forme cette idée avantageuse de sa grandeur.

Il semble que ce soit pour dissiper cette illusion naturelle, que Dieu ayant dessein d'humilier Job[1] sous sa majesté

[1] Job, chap. 38 et 39.

souveraine, le fait comme sortir de lui-même pour lui faire contempler ce grand monde et toutes les créatures qui le remplissent, afin de le convaincre par là de son impuissance et de sa foiblesse, en lui faisant voir combien il y a de causes et d'effets dans la nature qui surpassent, non-seulement sa force, mais aussi son intelligence. Et, en effet, qu'y a-t-il de plus capable de détruire cette fausse idée que l'homme se forme de la grandeur de son être, en ne se comparant qu'avec lui-même ou avec des hommes semblables à lui, que de l'obliger à considérer toutes les autres créatures, et ce qu'elles nous découvrent de la grandeur infinie de Dieu? Plus Dieu sera grand et puissant à nos yeux, plus nous nous trouverons petits et foibles, et ce n'est qu'en perdant de vue cette grandeur infinie, que nous nous estimons quelque chose.

Pour suivre donc cette ouverture que l'Écriture nous donne, que chacun contemple cette durée infinie qui le précède et qui le suit, et qu'y voyant sa vie renfermée, il regarde ce qu'elle en occupe. Qu'il se demande à lui-même pourquoi il a commencé de paroître plutôt en ce point qu'en un autre de cette éternité, et s'il sent en soi la force ou de se donner l'être, ou de se le conserver. Qu'il en fasse de même de l'espace. Qu'il porte la vue de son esprit dans cette immensité où son imagination ne sauroit trouver de bornes. Qu'il regarde cette vaste étendue de matière que ses sens découvrent. Qu'il considère dans cette comparaison ce qui lui en est échu en partage, c'est-à-dire cette portion de matière qui fait son corps. Qu'il voie ce qu'elle remplit dans l'univers. Qu'il tâche de découvrir pourquoi elle se trouve en ce lieu plutôt qu'en un autre de cet infini où il est comme abîmé. Il est impossible que dans cette vue il ne considère la terre tout entière comme un cachot où il se trouve confiné. Que sera-ce donc de l'espace qu'il occupe sur la terre? Il est vrai qu'il a quelque pouvoir d'en changer, mais il n'en change point qu'il n'en perde autant qu'il en acquiert, et il se voit toujours englouti comme un atome imperceptible dans l'immensité de l'univers.

Qu'il joigne à cette considération celle de tous ces grands mouvements qui agitent toute la matière du monde, et qui emportent tous ces grands corps qui roulent sur nos têtes. Qu'il y joigne celle de tout ce qui se fait dans le monde corporel indépendamment de lui. Qu'il y joigne celle du monde spirituel, de cette infinité d'anges et de démons, de ce nombre prodigieux de morts qui ne sont morts qu'à notre égard, et qui sont plus vivants et plus agissants qu'ils n'étoient. Qu'il y joigne celle de tous les hommes vivants qui ne pensent point à lui, qui ne le connoissent point, et sur lesquels il n'a aucun pouvoir; et que dans cette contemplation il se demande à lui-même ce qu'il est dans ce double monde, quel est son rang, sa force, sa grandeur, sa puissance, en comparaison de celles de toutes les autres créatures.

CHAPITRE IV.

NÉANT DE LA VIE PRÉSENTE DE L'HOMME, ET DE TOUT CE QUI EST FONDÉ SUR CETTE VIE.

Cette comparaison de l'homme avec toutes les autres créatures tend principalement à humilier l'homme en la présence de Dieu, et à lui faire reconnoître sa propre foiblesse en la comparant à la puissance infinie de son auteur. Et ce n'est pas peu que de l'humilier en cette sorte, puisqu'il ne s'élève en lui-même qu'en oubliant ce qu'il est à l'égard de Dieu. Et c'est pourquoi l'apôtre saint Pierre nous recommande de nous humilier sous la puissante main de Dieu : *Humiliamini sub potenti manu Dei*[1]. Elle tend aussi à détruire la vaine complaisance que l'homme ressent, en considérant le rang qu'il tient dans ce petit monde où il se renferme, parce qu'en lui donnant un plus grand théâtre, et l'obligeant de se joindre à tous les autres êtres, on lui fait perdre l'idée de cette grandeur fantastique qu'il ne se donne à lui-même qu'en se séparant de toutes les autres créatures. Mais il faut

---

[1] 1. Pet. 5. 6.

aller plus avant, et lui faire voir que toute cette force même qu'il s'attribue dans son petit monde, n'est qu'une pure foiblesse, et que sa vanité est mal fondée en toutes manières. Et c'est ce qui est bien facile.

Car la force et la grandeur prétendue que l'homme s'attribue dans son idée n'est fondée que sur sa vie, puisqu'il ne se regarde que dans cette vie, et qu'il considère en quelque sorte tous ceux qui sont morts comme s'ils étoient anéantis. Mais qu'est-ce que cette vie sur laquelle il se fonde, et quelle force a-t-il pour se la conserver? Elle dépend d'une machine si délicate et composée de tant de ressorts, qu'au lieu d'admirer comment elle se détruit, il y a lieu de s'étonner comment elle peut seulement subsister un peu de temps. Le moindre vaisseau qui se rompt, ou qui se bouche, interrompant le cours du sang et des humeurs, ruine l'économie de tout le corps. Un petit épanchement de sang dans le cerveau suffit pour boucher les pores par où les esprits entrent dans les nerfs, et pour arrêter tous les mouvements. Si nous voyions ce qui nous fait mourir, nous en serions surpris. Ce n'est quelquefois qu'une goutte d'humeur étrangère, qu'un grain de matière mal placé, et cette goutte ou ce grain suffit pour renverser tous les desseins ambitieux de ces conquérants et de ces maîtres du monde.

Je me souviens sur ce sujet qu'un jour on montra à une personne de grande qualité et de grand esprit un ouvrage d'ivoire d'une extraordinaire délicatesse : c'étoit un petit homme monté sur une colonne si déliée, que le moindre vent étoit capable de briser tout cet ouvrage, et l'on ne pouvoit assez admirer l'adresse avec laquelle l'ouvrier avoit su le tailler. Cependant, au lieu d'en être surprise comme les autres, elle témoigna qu'elle étoit tellement frappée de l'inutilité de cet ouvrage, et de la perte du temps de celui qui s'y étoit occupé, qu'elle ne pouvoit appliquer son esprit à cette industrie que les autres y admiroient. Je trouvai ce sentiment fort juste; mais je pensai en même temps qu'on le pouvoit appliquer à bien des choses de plus grande conséquence. Toutes ces grandes fortunes par lesquelles les ambitieux s'élèvent, comme par différents degrés, sur la tête des peuples et des grands, ne sont soutenues que par des appuis aussi délicats et aussi fragiles en leur genre, que l'étoient ceux de cet ouvrage d'ivoire. Il ne faut qu'un tour d'imagination dans l'esprit d'un prince, une vapeur maligne qui s'élèvera dans ceux qui l'environnent, pour ruiner tout cet édifice d'ambition; et après tout, il est bâti sur la vie de cet ambitieux. Lui mort, voilà sa fortune renversée et anéantie. Et qu'y a-t-il de plus fragile et de plus foible que la vie d'un homme? Encore en conservant avec quelque soin ce petit ouvrage d'ivoire, on le peut garder tant que l'on veut; mais quelque soin qu'on prenne à conserver sa vie, il n'y a aucun moyen d'empêcher qu'elle ne finisse bientôt.

Si les hommes faisoient une réflexion sur cela, ils seroient infiniment plus retenus à s'engager en tant de desseins et d'entreprises, qui demanderoient des hommes immortels, et des corps autrement faits que les nôtres. Croit-on que qui auroit dit bien précisément à tous ceux que nous avons vus de notre temps faire des fortunes immenses qui se sont dissipées après leur mort, ce qui devoit arriver et à eux et à leurs maisons, et qu'on leur eût marqué expressément qu'en s'engageant dans la voie qu'ils ont prise, ils seroient dans l'éclat un certain nombre d'années avec mille soins, mille inquiétudes et mille traverses ; qu'ils feroient tout leur possible pour élever leur famille et pour la laisser puissante en biens et en charges ; qu'ils mourroient en un tel temps ; qu'ensuite toutes les langues et tous les écrivains se déchaîneroient contre eux ; que leur famille s'éteindroit ; que tous leurs grands biens se dissiperoient ; croit-on, dis-je, qu'ils eussent voulu prendre toutes les peines qu'ils ont prises pour si peu de chose ? Pour moi je ne le crois pas. Si les hommes ne se promettent pas positivement l'immortalité et l'éternité, parce que ce seroit une illusion trop grossière, au moins n'envisagent-ils jamais expressément les bornes de leur vie et de leur fortune. Ils sont bien aises de les oublier et de n'y penser pas. Et c'est pourquoi il est bon de les en avertir, en leur montrant que tous ces biens et toutes ces grandeurs qu'ils entassent n'ont pour base qu'une vie que tout est capable de détruire.

Car ce n'est encore que l'oubli de la fragilité de la vie, et une confiance sans raison d'échapper de tous les dangers, qui fait résoudre les hommes à entreprendre des voyages au bout du monde, et à porter à la Chine leur corps, c'est-à-dire tout leur être, selon leur pensée, pour en rapporter des drogues et des vernis. En vérité s'ils y pensoient bien, et s'ils comptoient bien ce qu'ils hasardent et ce qu'ils désirent acquérir, ils concluroient sans doute qu'un peu de bien ne vaut pas la peine d'exposer une machine aussi foible que la leur à tant de périls et à tant d'incommodités; mais ils s'aveuglent volontairement eux-mêmes contre leur propre intérêt, ils n'aiment que la vie, ils la hasardent pour toutes choses ; et ils ont même établi entre eux qu'il étoit honteux de craindre de la hasarder.

Si un homme disoit pour s'excuser d'aller à la guerre, quand il n'y est pas engagé par son devoir, que ce qui l'en empêche, c'est que sa tête n'est pas à l'épreuve du canon, ni son corps impénétrable aux épées et aux piques, il me semble qu'il parleroit très-judicieusement et très-conformément à la disposition commune des hommes, qui n'estiment que les biens de la vie présente. Car, puisqu'on n'en sauroit jouir sans vivre, on ne sauroit faire de plus grande folie que de hasarder inutilement la vie, qui en est le fondement. Cependant les hommes sont convenus, contre leurs propres principes, de traiter ce langage de ridicule. C'est qu'ils ont la raison encore plus foible que le corps, comme nous le verrons tantôt. Mais comme ce n'est qu'en détournant son esprit de la fragilité de la vie que l'homme tombe dans ces égarements, et ensuite dans la présomption de sa propre force, il est bon de lui mettre continuellement devant les yeux, que toutes les grandeurs ou d'esprit ou de corps, qu'il s'attribue, sont toutes attachées à cette vie misérable, qui ne tient elle-même à rien, et qui est continuellement exposée à mille accidents. Sans même qu'il nous en arrive aucun, la machine entière du monde travaille sans cesse avec une force invincible à détruire notre corps. Le mouvement de toute la nature en emporte tous les jours quelque partie. C'est un édifice dont on sape sans cesse les fondements, et qui s'écroulera quand les soutiens en seront ruinés, sans qu'aucun sache précisément, s'il est proche, ou s'il est éloigné de cet état.

CHAPITRE V.

AVERTISSEMENTS CONTINUELS QUE NOUS AVONS DE LA FRAGILITÉ DE NOTRE VIE, PAR LES NÉCESSITÉS AUXQUELLES NOUS SOMMES ASSUJETTIS.

Il est étrange que les hommes puissent s'appuyer sur leur vie, comme sur quelque chose de solide, eux qui ont des avertissements si sensibles et si continuels de son instabilité. Je ne parle pas de la mort de leurs semblables, qu'ils voient à tous moments disparoître à leurs yeux, et qui sont autant de voix qui leur crient qu'ils sont mortels, et qu'il en faudra bientôt faire autant. Je ne parle pas non plus des maladies extraordinaires, qui sont comme des coups de fouet pour les tirer de leur assoupissement, et pour les avertir de penser à mourir. Je parle de la nécessité où ils sont de soutenir tous les jours la défaillance de leurs corps par le boire et par le manger. Qu'y a-t-il de plus capable de leur faire sentir leur foiblesse, que de les convaincre, par ce besoin continuel, de la destruction continuelle de leurs corps qu'ils tâchent de réparer, et de soutenir contre l'impétuosité du monde qui les entraîne à la mort? Car la faim et la soif sont proprement des maladies mortelles. Les causes en sont incurables, et si l'on en arrête l'effet pour quelque temps, elles l'emportent enfin sur tous les remèdes.

Qu'on laisse le plus grand esprit du monde deux jours sans manger, le voilà languissant, et presque sans action et sans pensées, et uniquement occupé du sentiment de sa foiblesse et de sa défaillance. Il lui faut nécessairement de la nourriture pour faire agir les ressorts de son cerveau, sans quoi l'âme ne peut rien. Qu'y a-t-il de plus humiliant que cette nécessité ? Et encore n'est-ce pas la plus fâcheuse, parce qu'elle n'est pas la plus difficile à satisfaire ; celle du dormir l'est bien autrement. Pour vivre il faut mourir tous les jours, en cessant de penser et d'agir raisonnablement, et en se laissant tomber dans un état où l'homme n'est presque plus distingué des bêtes ; et cet état où nous ne vivons point, emporte une grande partie de notre vie.

Il faut souffrir ces nécessités, puisque c'est en partie pour avertir l'homme de sa bassesse qu'il plaît à Dieu de le réduire ainsi tous les jours à l'état et à la condition des bêtes. Cependant le déréglement des hommes est tel, qu'ils changent en sujets de vanité ce qui les devroit le plus humilier. Il n'y a rien où ils fassent paroître, quand ils le peuvent, plus de faste et de magnificence que dans les festins. On se fait honneur de cette honteuse nécessité, et, bien loin de s'en humilier, on s'en sert à se distinguer des autres, quand on est en état d'y apporter plus d'appareil et d'ostentation.

CHAPITRE VI.

EXAMEN DES QUALITÉS SPIRITUELLES DES HOMMES. FOIBLESSE QUI LES PORTE A EN JUGER, NON PAR CE QU'ELLES ONT DE RÉEL, MAIS PAR L'ESTIME QUE D'AUTRES HOMMES EN FONT. VANITÉ ET MISÈRE DE LA SCIENCE DES MOTS, DE CELLE DES FAITS, ET DES OPINIONS DES HOMMES.

Il est assez aisé de persuader spéculativement les hommes de la foiblesse de leur corps, et des misères de leur nature, quoiqu'il soit très-difficile de les porter à en tirer cette conséquence naturelle, qu'ils ne doivent faire aucun état de tout ce qui est appuyé sur un fondement aussi branlant et aussi fragile que leur vie. Mais ils ont d'autres foiblesses auxquelles non-seulement ils ne s'appliquent point, mais dont ils ne sont point du tout convaincus. Ils estiment leur science, leur lumière, leur vertu, la force et l'étendue de leur esprit. Ils croient être capables de grandes choses. Les discours ordinaires des hommes sont tout pleins des éloges qu'ils se donnent les uns aux autres pour ces qualités d'esprit. Et la pente qu'on a à recevoir sans examen tout ce qui est à son avantage fait que, si l'on en a quelqu'une, on n'en juge pas par ce qu'elle a de réel, mais par cette idée commune que l'on en aperçoit dans les autres.

Mais on doit d'abord considérer comme une très-grande foiblesse cette inclination que l'on a à juger des choses, non sur la vérité, mais sur l'opinion d'autrui. Car il est clair qu'un jugement faux ne peut donner de réalité à ce qui n'en a point. Si nous ne sommes donc pas assez humbles pour n'avoir pas de complaisance en ce que nous avons véritablement, au moins ne soyons pas assez sottement vains pour nous attribuer sur le témoignage d'autrui ce que nous pouvons reconnoître nous-mêmes que nous n'avons pas. Examinons ce qui nous élève, voyons ce qu'il y a de réel et de solide dans la science des hommes et dans les vertus humaines, et retranchons-en au moins tout ce que nous découvrirons être vain et faux.

La science est ou des mots, ou des faits, ou des choses. Je demeure d'accord que les hommes sont capables d'aller assez loin dans la science des mots et des signes, c'est-à-dire dans la connoissance de la liaison arbitraire qu'ils ont faite de certains sons avec de certaines idées. Je veux bien admirer la capacité de leur mémoire, qui peut recevoir sans confusion tant d'images différentes, pourvu que l'on m'accorde que cette sorte de science est une grande preuve non-seulement qu'ils sont très-ignorants, mais même qu'ils sont presque incapables de rien savoir. Car elle n'est de soi d'aucun prix ni d'aucune utilité. Nous n'apprenons le sens des mots qu'afin de parvenir à la connoissance des choses. Elle tient lieu de moyen, et non de fin. Cependant ce moyen est si difficile et si long, qu'il y faut consumer une partie de notre vie. Plusieurs l'y emploient tout entière, et tout le fruit qu'ils tirent de cette étude est d'avoir appris que de certains sons sont destinés par les hommes à signifier de certaines choses, sans que cela les avance en rien pour en connoître la nature. Cependant les hommes sont si vains, qu'ils ne laissent pas de se glorifier de cette sorte de science; et c'est celle même dont ils tirent plus de vanité, parce qu'ils n'ont pas la force de résister à l'approbation des ignorants, qui admirent d'ordinaire ceux qui la possèdent.

Il n'y a guère plus de solidité dans la science des faits ou des événements historiques. Combien y en a-t-il peu d'exactement rapportés dans les histoires! Nous en pouvons juger par ceux dont nous avons une connoissance particulière, lorsqu'ils sont écrits par d'autres. Le moyen donc de distinguer les vrais des faux, et les certains des incertains? On peut bien savoir en général que tout historien ment, ou de bonne foi s'il est sincère, ou de mauvaise foi s'il ne l'est pas ; mais comme il ne nous avertit pas quand il ment, nous ne saurions empêcher qu'il ne nous trompe qu'en ne le croyant presque en rien.

Lors même que l'on ne peut pas dire que les histoires soient fausses, combien sont-elles différentes des choses mêmes ! Combien les faits y sont-ils décharnés, c'est-à-dire séparés tant des mouvements secrets qui les ont produits, que des circonstances qui ont contribué à les faire réussir ! Elles ne nous présentent proprement que des squelettes, c'est-à-dire des actions toutes nues, ou qui paroissent dépendre de peu de ressorts, quoiqu'elles n'aient été faites que dépendamment d'une infinité de causes auxquelles elles étoient attachées, et qui leur servoient de soutien et de corps. C'est donc bien peu de chose que cette science ; et bien loin de fournir aux hommes un sujet d'une vaine complaisance, elle ne leur devroit donner qu'un sujet de s'humilier dans la vue de leur foiblesse ; puisqu'au même temps qu'ils se trouvent l'esprit rempli de cette infinité d'idées qu'ils ont tirées des histoires, ils se trouvent aussi dans l'impuissance de distinguer celles qui sont vraies de celles qui ne le sont pas.

On peut mettre au même rang la connoissance des opinions des hommes sur les matières qui ont fait le sujet de leurs méditations, puisqu'elles sont aussi une partie considérable de leur science. Car comme s'ils avoient une infinité de temps à perdre, il ne leur suffit pas de s'informer de ce que les choses sont en effet ; mais ils tiennent aussi registre de toutes les fantaisies que les autres ont eues sur ces mêmes choses, ou plutôt ne pouvant réussir à trouver la vérité, ils se contentent de savoir les opinions de ceux qui l'ont cherchée, et ils se croient par exemple grands philosophes ou grands médecins, parce qu'ils savent les sentiments de divers philosophes ou de divers médecins sur chaque matière. Mais comme on n'en est pas plus riche pour savoir toutes les visions de ceux qui ont cherché l'art de faire de l'or; de même on n'en est pas plus savant pour avoir dans sa mémoire toutes les imaginations de ceux qui ont cherché la vérité sans la trouver.

CHAPITRE VII.

QU'ON EST AUSSI HEUREUX D'IGNORER QUE DE SAVOIR LA PLUPART DES SCIENCES. L'HOMME NE CONNOÎT PAS MÊME SON IGNORANCE.

Il n'y a que la science des choses, c'est-à-dire celle qui a pour but de satisfaire notre esprit par la connoissance du vrai, qui puisse avoir quelque solidité. Mais quand les hommes y auroient fait de grands progrès, ils ne s'en devroient guère plus estimer, puisque ces connoissances stériles sont si peu capables de leur apporter quelque fruit et quelque contentement solide, qu'on est tout aussi heureux en y renonçant d'abord, qu'en les portant par de longs travaux au plus haut point où l'on puisse les porter. Qu'un grand mathématicien se travaille tant qu'il voudra l'esprit pour découvrir de nouveaux astres dans le ciel, ou pour marquer le chemin des comètes, il n'y a qu'à considérer combien aisément on se passe de ces connoissances pour ne lui point porter d'envie, et pour être tout aussi heureux que lui. Aussi le plaisir que l'on prend dans ces sortes de connoissances ne consiste pas dans la possession même, mais dans l'acquisition. Sitôt que l'on y est arrivé, on n'y pense plus. L'esprit ne se divertit que par la recherche même, parce qu'il s'y nourrit de la vaine espérance d'un bien imaginaire qu'il se propose dans la découverte. Sitôt qu'il n'est plus soutenu et animé par cette espérance, il faut qu'il cherche une autre occupation, pour éviter la langueur.

Mais il ne suffit pas que l'homme s'humilie par l'inutilité de ces sciences, il faut qu'il reconnoisse de plus que ce qu'il en peut acquérir n'est presque rien, et que la plus grande partie de la philosophie humaine n'est qu'un amas d'obscurités et d'incertitudes, ou même de faussetés. Il n'en faut point d'autres preuves que ce que nous avons vu arriver de notre temps. On avoit philosophé trois mille ans durant sur divers principes, et il s'élève dans un coin de la terre un homme [1] qui change toute la face de la philosophie et qui prétend faire voir que tous ceux qui sont venus avant lui n'ont rien entendu dans les principes de la nature. Et ce ne sont pas seulement de vaines promesses ; car il faut avouer que ce nouveau venu donne plus de lumière sur la connoissance des choses naturelles, que tous les autres ensemble n'en avoient donné. Cepen-

---

[1] M. Descartes.

dant quelque bonheur qu'il ait eu à faire voir le peu de solidité des principes de la philosophie commune, il laisse encore dans les siens beaucoup d'obscurités impénétrables à l'esprit humain. Ce qu'il nous dit, par exemple, de l'espace et de la nature de la matière est sujet à d'étranges difficultés, et j'ai bien peur qu'il n'y ait plus de passion que de lumière dans ceux qui paroissent n'en être pas effrayés. Quel plus grand exemple peut-on avoir de la foiblesse de l'esprit humain, que de voir que pendant trois mille ans ceux d'entre les hommes qui semblent avoir eu le plus de pénétration se soient occupés à raisonner sur la nature, et qu'après tant de travaux, et malgré ce nombre innombrable d'écrits qu'ils ont faits sur cette matière, il se trouve qu'on en est à recommencer et que le plus grand fruit qu'on puisse tirer de leurs ouvrages est d'y apprendre que la philosophie est un vain amusement, et que ce que les hommes en savent n'est presque rien ? Ce qui est étrange est que l'homme ne connoît pas même son ignorance, et que cette science est la plus rare de toutes.

Et c'est pourquoi quand le commun du monde voit ces grandes bibliothèques, que l'on peut appeler, à quelque chose près, le magasin des fantaisies des hommes, il s'imagine que l'on seroit très-heureux, ou du moins bien habile, si on savoit tout ce qui est contenu dans ces amas de volumes, et ne les regarde pas autrement que comme des trésors de lumière et de vérité. Mais ils en jugent bien mal. Quand tout cela seroit réuni dans une tête, cette tête n'en seroit ni mieux réglée, ni plus sage, ni plus heureuse. Tout cela ne feroit qu'augmenter sa confusion et obscurcir sa lumière. Et après tout elle ne seroit guère différente d'une bibliothèque extérieure. Car comme on ne peut lire qu'un livre à la fois, et qu'une page dans ce livre ; de même celui qui auroit tous les livres dans sa mémoire, ne seroit capable de s'appliquer à chaque heure qu'à un certain livre et à une certaine partie de ce livre. Tout le reste seroit en quelque sorte autant hors de sa pensée que s'il ne le savoit point du tout : et tout l'avantage qu'il en tireroit est qu'il pourroit quelquefois suppléer à l'absence des livres en cherchant avec peine dans sa mémoire ce qu'elle auroit retenu ; encore n'en seroit-il pas si assuré, que s'il prenoit la peine de s'en instruire à l'heure même dans un livre.

CHAPITRE VIII.

BORNES ÉTROITES DE LA SCIENCE DES HOMMES : NOTRE ESPRIT RACCOURCIT TOUT. LA VÉRITÉ MÊME NOUS AVEUGLE SOUVENT.

Pour comprendre donc ce que c'est que la science des hommes, il faut descendre comme par divers degrés jusques aux bornes où elle est réduite. Elle seroit peu de chose quand notre esprit seroit capable de s'appliquer tout à la fois à tout ce que nous avons dans la mémoire, parce que nous ne connoîtrions toujours que peu de vérités. Cependant, comme je viens de le dire, nous ne sommes capables de connoître qu'un seul objet et une seule vérité à la fois. Le reste demeure enseveli dans notre mémoire comme s'il n'y étoit point. Voilà donc déjà notre science réduite à un seul objet. Mais de quelle manière encore le connoît-on? S'il renferme diverses qualités, nous n'en regardons qu'une à la fois. Nous divisons les choses les plus simples en diverses idées, parce que notre esprit est encore trop étroit pour les pouvoir comprendre toutes ensemble. Tout est trop grand pour lui. Il faut qu'il raccourcisse tout ce qu'il considère, ou qu'il en retranche la plus grande partie pour le proportionner à sa petitesse.

La vue de notre esprit est à peu près semblable à celle de notre corps ; je veux dire qu'elle est aussi superficielle et aussi bornée. Nos yeux ne pénètrent point la profondeur des corps, ils s'arrêtent à la surface. Plus ils étendent leur vue, plus elle est confuse ; et pour voir quelque objet exactement, il faut qu'ils perdent de vue tous les autres. Que si les objets sont éloignés, ils les réduisent, par la foiblesse de l'organe qui en reçoit l'image, à la petitesse des moindres corps que nous avons auprès de nous. Ces masses prodigieuses qu'on appelle des étoiles ne sont qu'un point à nos yeux, et ne nous paroissent presque que des étincelles. C'est là l'image de la vue de notre esprit. Nous ne connoissons de même que la surface et l'écorce de la plupart des choses. Nous en détachons comme une feuille délicate pour en faire l'objet de notre pensée. Si les objets sont un peu étendus, ils nous confondent. Il faut nécessairement que nous les considérions par parties, et souvent la multiplicité de ces parties nous rejette dans la confusion que nous voulions éviter. *Confusum est quidquid in pulverem sectum est.* S'ils ne sont pas présents à nos sens, nous ne les atteignons souvent qu'en un point, et nous nous formons des idées si foibles et si petites des plus grandes et des plus terribles choses, qu'elles font moins d'impression sur nous que la moindre de celles qui agissent sur nos sens.

Ce n'est pas encore tout. Quoique ce que notre esprit peut comprendre de vérité soit si peu de chose, la possession ne lui en est pas néanmoins ferme ni assurée. Il y est souvent troublé par la défiance et l'incertitude : et le faux lui paroît revêtu de couleurs si semblables à celle du vrai, qu'il ne sait où il en est. Ainsi il n'embrasse son objet que foiblement et comme en tremblant, et il ne se défend contre cette incertitude que par un certain instinct, et un certain sentiment qui le fait attacher aux vérités qu'il connoît, malgré les raisons qui semblent y être contraires.

Voilà donc à quoi se réduit cette

science des hommes que l'on vante tant, à connoître une à une un petit nombre de vérités d'une manière foible et tremblante. Mais de ces vérités combien y en a-t-il peu d'utiles? et de celles qui sont utiles en elles-mêmes, combien y en a-t-il peu qui le soient à notre égard, et qui ne puissent devenir des principes d'erreur? Car c'est encore un effet de la foiblesse des hommes, que la lumière les aveugle souvent aussi bien que les ténèbres, et que la vérité les trompe aussi bien que l'erreur. Et la raison en est que les conclusions dépendent ordinairement de l'union des vérités, et non d'une vérité toute seule; il arrive souvent qu'une vérité imparfaitement connue, étant prise par erreur comme suffisante pour nous conduire, nous jette dans l'égarement. Combien y en a-t-il, par exemple, qui se précipitent dans des indiscrétions par la connoissance qu'ils ont de cette vérité particulière, que nous devons la correction au prochain? Combien y en a-t-il qui autorisent leur lâcheté par des maximes très-véritables touchant la condescendance chrétienne?

Si l'on ne voit point de chemin, on s'égare. Si l'on en voit plusieurs, on se confond; et la lumière de l'esprit, qui fait découvrir plusieurs raisons, est aussi capable de nous tromper que la stupidité, qui ne voit rien. Nous nous trompons souvent par l'impression des autres qui nous communiquent leurs erreurs, et nous nous trompons même quelquefois lorsque nous découvrons les erreurs des autres, parce que nous sommes portés à croire qu'ils ont tort en tout, au lieu qu'ils n'ont souvent tort qu'en partie.

CHAPITRE IX.

DIFFICULTÉ DE CONNOÎTRE LES CHOSES DONT ON DOIT JUGER PAR LA COMPARAISON DES VRAISEMBLANCES. TÉMÉRITÉ PRODIGIEUSE DE CEUX QUI SE CROIENT CAPABLES DE CHOISIR UNE RELIGION, PAR L'EXAMEN PARTICULIER DE TOUS LES DOGMES CONTESTÉS.

Voici encore un autre inconvénient qui est la source d'un grand nombre d'erreurs. La découverte du vrai dans la plupart des choses dépend de la comparaison des vraisemblances. Mais qu'y a-t-il de plus trompeur que cette comparaison? car ce qui est de soi-même moins vraisemblable étant mis plus en vue par la manière dont on l'exprime, et étant considéré avec plus d'application ou de passion, est capable de faire beaucoup plus d'impression sur l'esprit que d'autres choses, qui, quoique appuyées sur des raisons beaucoup plus solides, seroient proposées d'une manière obscure et écoutées avec négligence et sans passion. Ainsi l'inégalité de la clarté, l'inégalité de l'application, l'inégalité de la passion contre-pèse souvent, ou anéantit même entièrement l'avantage que les raisons ont les unes sur les autres en solidité ou en vraisemblance.

Cependant l'esprit de l'homme étant si foible, si borné, si étroit, si sujet à s'égarer, est en même temps si présomptueux qu'il n'y a rien dont il ne se puisse croire capable, pourvu qu'il se trouve des gens qui l'en flattent. Qu'y a-t-il qui soit plus visiblement au-dessus de l'esprit et de la lumière du commun du monde, et particulièrement des simples et des ignorants, que de discerner entre tant de dogmes contestés parmi les chrétiens, ceux qu'il faut rejeter, de ceux qu'il faut suivre ? Pour décider raisonnablement une seule de ces questions, il faut une étendue d'esprit très-grande et très-rare. Que sera-ce donc quand il s'agit de les décider toutes, et de faire le choix d'une religion sur la comparaison des raisons de toutes les sociétés chrétiennes ? Cependant les auteurs des nouvelles hérésies ont persuadé à cent millions d'hommes qu'il n'y avoit rien en cela qui surpassât la force de l'esprit des plus simples. C'est même par là qu'ils les ont attirés d'entre le peuple. Ceux qui les ont suivis ont trouvé qu'il étoit beau de discerner eux-mêmes la véritable religion par la discussion des dogmes, et ils ont considéré ce droit d'en juger qu'on leur attribuoit, comme un avantage considérable que l'Église romaine leur avoit injustement ravi.

On ne doit pas néanmoins chercher ailleurs que dans la foiblesse même de l'homme la cause de cette présomption. Elle vient uniquement de ce que l'homme est si éloigné de connoître la vérité, qu'il en ignore même les marques et les caractères. Il ne se forme souvent que des idées confuses des termes d'évidence et de certitude. Et c'est ce qui fait qu'il les applique au hasard à toutes les vaines lueurs dont il est frappé. Tout ce qui lui plaît devient évident. Ainsi, après qu'un hérétique a comme consacré ses fantaisies par ce titre qu'il leur donne de vérités certaines et contenues clairement dans l'Écriture, il étouffe ensuite tous les doutes qui pourroient s'élever contre, et ne se permet pas de les regarder ; ou s'il les regarde, c'est en ne les considérant que comme des difficultés, et en leur ôtant par là la force de faire impression sur son esprit.

CHAPITRE X.

QUE LE MONDE N'EST PRESQUE COMPOSÉ QUE DE GENS STUPIDES QUI NE PENSENT A RIEN. QUE CEUX QUI PENSENT UN PEU DAVANTAGE NE VALENT PAS MIEUX. TROUBLE QUE L'IMAGINATION CAUSE A LA RAISON. FOLIE COMMENCÉE DANS LA PLUPART DES HOMMES.

Si l'esprit humain est si peu de chose, même lorsqu'il s'agite et qu'il cherche la vérité, que sera-ce lorsqu'il s'abandonne au poids de son corps, et qu'il n'agit presque que par les sens? Or il n'agit presque que de cette sorte dans la plupart des hommes, comme l'Écriture nous l'enseigne quand elle nous dit *que l'habitation terrestre abaisse l'esprit qui pense à plusieurs choses*[1]. Car en nous découvrant par ces paroles l'activité naturelle de l'esprit, qui le rend de lui-même capable de former une grande diversité de pensées, et de comprendre une infinité de divers objets; elle nous fait voir aussi l'état où cet esprit est réduit par l'union avec un corps corrompu, et par les nécessités de la vie présente, qui l'appesantissent tellement, quelque actif, pénétrant et étendu qu'il soit de lui-même, qu'elles le resserrent en un très-petit cercle d'objets grossiers, autour desquels il ne fait que tourner continuellement d'un mouvement lent et foible, et qui n'a rien de la noblesse et de la grandeur de sa nature. En effet, si l'on fait réflexion

[1] Sap. 9. 15.

sur tous les hommes du monde, on trouvera qu'ils sont presque tous plongés dans une telle stupidité, que si elle n'éteint pas entièrement leur raison, elle leur en laisse si peu l'usage, que c'est une chose étonnante comment une âme peut être réduite à une telle brutalité. A quoi pense un Cannibale, un Iroquois, un Brésilien, un Nègre, un Cafre, un Groenlandien, un Lapon tout le temps de sa vie ? A chasser, à pêcher, à danser, à se venger de ses ennemis.

Mais sans aller chercher si loin des exemples de la stupidité des hommes, à quoi pensent la plupart des gens de travail ? A leur ouvrage, à manger, à boire, à dormir, à tirer ce qui leur est dû, à payer la taille, et à un petit nombre d'autres objets. Ils sont comme insensibles à tous les autres, et l'accoutumance qu'ils ont de tourner dans ce petit cercle les rend incapables de rien concevoir au delà. Si on leur parle de Dieu, de l'enfer, du paradis, de la religion, des règles de la morale, ou ils n'entendent point, ou ils oublient en un moment ce qu'on leur dit, et leur esprit rentre aussitôt dans ce cercle d'objets grossiers auxquels il est accoutumé. S'ils sont infiniment éloignés par leur nature de celle des bêtes, telle qu'elle est en effet, ils sont très-peu différents de l'idée que nous en avons. Car ce que nous concevons par une bête est un certain animal qui pense, mais qui pense peu, qui n'a que des idées confuses et grossières, et qui n'est capable de concevoir qu'un fort petit nombre d'objets. Ainsi nous concevons un cheval comme un animal qui pense à manger, à dormir, à courir, à retourner à son écurie. Cette idée n'est pourtant pas celle d'un cheval; car une machine ne pense point: mais c'est proprement celle d'un homme stupide. Et certainement il ne faudroit pas y ajouter encore beaucoup de pensées pour en former celle d'un Tartare.

Cependant ce nombre de gens qui ne pensent presque point, et qui ne sont occupés que des nécessités de la vie présente, est si grand, que celui des gens dont l'esprit a un peu plus d'agitation et de mouvement n'est presque rien en comparaison ; car ce nombre de stupides comprend, dans le christianisme même, presque tous les gens de travail, presque tous les pauvres, la plupart des femmes de basse condition, tous les enfants. Tous ces gens ne pensent presque à rien durant leur vie, qu'à satisfaire aux nécessités de leurs corps, à trouver moyen de vivre, à acheter ; et encore ils ne forment sur tous ces objets que des pensées assez confuses. Mais dans les autres nations, principalement entre celles qui sont plus barbares, il comprend les peuples entiers sans aucune distinction.

Il est certain que les gens qui travaillent du corps, comme tous les pauvres du monde, pensent moins que les autres, et le travail rend leur âme plus pesante : les richesses, au contraire, qui donnent un peu plus de loisir et de liberté aux hommes, et qui leur permettent de s'entretenir les uns avec les autres ; les emplois d'esprit qui les obligent de traiter ensemble, les réveillent un peu et empêchent que leur âme ne tombe dans une si grande stupidité. L'esprit d'une femme de la cour est plus remué et plus actif que celui d'une paysanne, et celui d'un magistrat que celui d'un artisan. Mais s'il y a plus d'action et de mouvement, il y a aussi pour l'ordinaire plus de malice et plus de vanité : de sorte qu'il y a encore plus de bien réel dans une stupidité simple que dans cette activité pleine de déguisement et d'artifice.

Enfin, pour achever la peinture de la foiblesse de notre esprit, il faut encore considérer que quelque vraies que soient ses pensées, il en est souvent séparé avec violence par le déréglement naturel de son imagination. Une mouche qui passera devant ses yeux est capable de le distraire de la contemplation la plus sérieuse. Cent idées inutiles qui viennent à la traverse le troublent et le confondent malgré qu'il en ait. Et il est si peu maître de lui-même, qu'il ne sauroit s'empêcher de jeter au moins la vue sur ces vains fantômes, en quittant les objets les plus importants, ne peut-on pas appeler avec raison cet état un commencement de folie? Car comme la folie achevée consiste dans le déréglement entier de l'imagination, qui vient de ce que les images qu'elle présente sont si vives, que l'esprit ne distingue plus les fausses des véritables, de même la force qu'elle a de présenter ses images à l'esprit, sans le congé et sans l'aveu de la volonté, est une folie commencée; et pour la rendre entière, il ne faut qu'augmenter de quelques degrés la chaleur du cerveau, et rendre les images un peu plus vives. De sorte qu'entre l'état du plus sage homme du monde et celui d'un fou achevé, il n'y a de différence que de quelques degrés de chaleur et d'agitation d'esprit. Et nous ne sommes pas seulement obligés de reconnoître que nous sommes capables de la folie, mais il faut avouer de plus que nous la sentons, et que nous la voyons toute formée dans nous-mêmes, sans que nous sachions à quoi il tient qu'elle ne s'achève par un entier renversement de notre esprit.

CHAPITRE XI.

FOIBLESSE DE LA VOLONTÉ DE L'HOMME PLUS GRANDE QUE CELLE DE LA RAISON. PEU DE GENS VIVENT PAR RAISON. LA VOLONTÉ NE SAUROIT RÉSISTER A DES IMPULSIONS DONT NOUS SAVONS LA FAUSSETÉ. LES PASSIONS VIENNENT DE FOIBLESSE. BESOIN QUE L'AME A D'APPUI.

Mais quoique la raison soit foible au point où nous l'avons représentée, ce n'est encore rien au prix de la foiblesse de l'autre partie de l'homme, qui est sa volonté, et l'on peut dire en les comparant ensemble, que sa raison fait sa force, et que sa foiblesse consiste dans l'impuissance où sa volonté se trouve de se conduire par la raison.

Il n'y a personne qui ne demeure

d'accord que la raison nous est donnée pour nous servir de guide dans la vie, pour nous faire discerner les biens et les maux, et pour nous régler dans nos désirs et dans nos actions. Mais combien y en a-t-il peu qui l'emploient à cet usage, et qui vivent, je ne dis pas selon la vérité et la justice, mais selon leur propre raison tout aveugle et toute corrompue qu'elle est? Nous flottons dans la mer de ce monde au gré de nos passions, qui nous emportent tantôt d'un côté et tantôt d'un autre, comme un vaisseau sans voile et sans pilote : et ce n'est pas la raison qui se sert des passions, mais ce sont les passions qui se servent de la raison pour arriver à leur fin. C'est tout l'usage que l'on en fait ordinairement.

Souvent même la raison n'est pas corrompue. Elle voit ce qu'il faudroit faire, et elle est convaincue du néant des choses qui nous agitent; mais elle ne sauroit empêcher l'impression violente qu'elles font sur nous. Combien de gens s'alloient autrefois battre en duel, en déplorant et en condamnant cette misérable coutume, et se blâmant en eux-mêmes de la suivre! Mais ils n'avoient pas pour cela la force de mépriser le jugement de ces fous qui les eussent traités de lâches s'ils eussent obéi à la raison! Combien de gens se ruinent en folles dépenses, et se réduisent à des misères extrêmes, parce qu'ils ne sauroient résister à la fausse honte de ne faire pas comme les autres?

Qu'y a-t-il de plus aisé que de convaincre les hommes du peu de solidité de tout ce qui les attire dans le monde? Cependant, avec tous ces raisonnements, le fantôme de la réputation, la chimère des honneurs et du rang, et mille autres choses aussi vaines les emportent et les renversent, parce que leur âme n'a point de force, de solidité, ni de fermeté.

Que diroit-on d'un soldat qui, étant averti que dans un spectacle où l'on représenteroit un combat, les canons et les mousquets ne sont point chargés à balle, ne laisseroit pas de baisser la tête et de s'enfuir au premier coup de mousquet? Ne diroit-on pas que sa lâcheté approcheroit de la folie? et n'est-ce pas cependant ce que nous faisons tous les jours? On nous avertit que les discours et les jugements des hommes sont incapables de nous nuire, comme ils ne nous peuvent servir de rien, qu'ils ne peuvent nous ravir aucun de nos biens, ni soulager aucun de nos maux. Et néanmoins ces discours et ces jugements ne laissent pas de nous renverser, et de faire sortir notre âme de son assiette. Une grimace, une parole de chagrin nous mettent en colère, et nous nous préparons à les repousser comme si c'étoit quelque chose de bien redoutable. Il faut nous flatter et nous caresser comme des enfants, pour nous tenir en bonne humeur, autrement nous jetons des cris à notre mode comme les enfants à la leur.

Il est certain que l'impatience que les hommes témoignent dans toutes ces occasions vient de quelque passion qui les possède. Mais les passions mêmes viennent de foiblesse et du peu d'attache que leur âme a aux biens véritables et solides. Et pour le comprendre, il faut considérer que comme ce n'est pas une foiblesse à notre corps d'avoir besoin de la terre pour se soutenir, parce que c'est la condition naturelle de tous les corps; mais que l'on ne dit qu'il est foible que lorsqu'il a besoin d'appuis étrangers, qu'il le faut porter, ou qu'il lui faut un bâton, et que le moindre vent est capable de le renverser; de même ce n'est pas une foiblesse à l'âme d'avoir besoin de s'appuyer sur quelque chose de véritable et de solide, et de ne pouvoir pas subsister comme suspendue en l'air sans être attachée à un objet : ou si c'est une foiblesse, elle est essentielle à la créature, qui, ne se suffisant pas à elle-même, a besoin de chercher ailleurs le soutien qu'elle ne trouve pas en soi.

Mais la foiblesse véritable de l'âme consiste en ce qu'elle s'appuie sur le néant, comme dit l'Écriture[1], et non sur des choses réelles et solides; ou que si elle s'appuie sur la vérité, cette vérité ne lui suffit pas qu'elle n'ait encore besoin de mille autres soutiens, par la soustraction desquels elle tombe incon-

---

[1] Isaïe, 59. 4.

tinent dans l'abattement. Elle consiste en ce que le moindre souffle est capable de la faire sortir de l'état de son repos, que les moindres bagatelles l'ébranlent, l'agitent, la tourmentent, et qu'elle ne peut résister à l'impression de mille choses dont elle reconnoît elle-même la fausseté et le néant.

CHAPITRE XII.

CONSIDÉRATION PARTICULIÈRE SUR LA VANITÉ DES APPUIS QUE L'AME SE FAIT POUR SE SOUTENIR.

Ce que nous venons de dire est une image raccourcie de la foiblesse de l'homme : et il est bon de la considérer plus en détail pour en remarquer les différents traits.

Quoique l'homme ne puisse trouver en cette vie de véritable repos, il est certain qu'il n'est pas aussi toujours dans l'abattement et dans le désespoir. Son âme prend par nécessité une certaine consistance, parce qu'il est si foible et si inconstant, qu'il ne peut pas même demeurer dans une agitation continuelle. Les plus grands maux s'adoucissent par le temps. Le sentiment s'en perd et s'en évanouit. La pauvreté, la honte, la maladie, l'abandonnement, la perte des amis, des parents, des enfants, ne produisent que des secousses passagères, dont le mouvement se ralentit peu à peu jusqu'à ce qu'il cesse entièrement.

L'âme trouve donc enfin quelque sorte de repos, et c'est une chose commune à tous les hommes d'avoir en quelque temps de leur vie une assiette tranquille. Mais cette assiette est si peu ferme, qu'il ne faut presque rien pour la troubler.

La raison en est que l'homme ne s'y soutient pas par l'attache à quelque vérité solide qu'il connoisse clairement, mais qu'il s'appuie sur quantité de petits soutiens, et qu'il est comme suspendu par une infinité de fils foibles et déliés, à un grand nombre de choses vaines et qui ne dépendent pas de lui ; de sorte, que comme il y a toujours quelqu'un de ces fils qui se rompt, il tombe aussi en partie et reçoit une secousse qui le trouble. On est porté par le petit cercle d'amis et d'approbateurs dont on est environné, car chacun tâche de s'en faire un, et l'on y réussit ordinairement. On est porté par l'obéissance et l'affection de ses domestiques, par la protection des grands, par de petits succès, par des louanges, par des divertissements, par des plaisirs. On est porté par les occupations qui amusent, par les espérances que l'on nourrit, par les desseins que l'on forme, par les ouvrages que l'on entreprend. On est porté par les curiosités d'un cabinet, par un jardin, par une maison des champs. Enfin il est étrange à combien de choses l'âme s'attache, et combien il lui faut de petits appuis pour la tenir en repos.

On ne s'aperçoit pas pendant que l'on possède toutes ces choses combien on en est dépendant. Mais comme elles viennent souvent à manquer, on reconnoît par le trouble que l'on en ressent, que l'on y avoit une attache effective. Un verre cassé nous impatiente ; notre repos en dépendoit donc ? Un jugement faux et ridicule qu'un impertinent aura fait de nous nous pénètre jusqu'au vif ; l'estime de cet impertinent, ou au moins l'ignorance de ce jugement faux qu'il fait de nous, contribuoit donc à notre tranquillité? Elle nous portoit et nous soutenoit sans que nous y pensassions.

Non-seulement nous avons besoin continuellement de ces vains soutiens, mais notre foiblesse est si grande, qu'ils ne sont pas capables de nous soutenir longtemps. Il en faut changer. Nous les écraserions par notre poids. Nous sommes comme des oiseaux qui sont en l'air, mais qui n'y peuvent demeurer sans mouvement, ni presque en un même lieu, parce que leur appui n'est pas solide, et que d'ailleurs ils n'ont pas assez de force et de vigueur en eux pour résister à ce qui les porte en bas ; de sorte qu'il faut qu'ils se remuent continuellement, et par de nouveaux battements de l'air, ils se font sans cesse un nouvel appui. Autrement, s'ils cessent d'user de cet artifice que la nature leur apprend, ils tomberoient comme les autres choses pesantes. Notre foiblesse spirituelle a des effets tout semblables. Nous nous appuyons sur les jugements des hommes, sur les plaisirs des sens, sur les consolations humaines, comme sur un air qui nous soutient pour un temps. Mais parce que toutes ces choses n'ont point de solidité, si nous cessons de nous remuer et de changer d'objets, nous tombons dans l'abattement et dans la tristesse. Chaque objet en particulier n'est pas capable de nous soutenir. C'est par des changements continuels que l'âme se maintient dans un état supportable, et qu'elle s'empêche d'être accablée par l'ennui et le chagrin. Ainsi ce n'est que par artifice qu'elle subsiste. Elle tend par son propre poids au découragement et au désespoir. Le centre de la nature corrompue est la rage et l'enfer. On le porte en quelque sorte en soi-même dès cette vie; et ce n'est que pour s'empêcher de le sentir que l'âme s'agite tant, et qu'elle cherche à s'occuper hors d'elle-même de tant d'objets extérieurs. Pour l'y enfoncer tout à fait, il ne faut que la séparer de tous ces objets, et la réduire à ne penser qu'à elle-même. Et comme c'est proprement ce que fait la mort, elle précipiteroit tous les hommes dans ce centre malheureux, si Dieu, par sa grâce toute-puissante, n'avoit donné à quelques-uns d'eux un autre poids qui les élève vers le ciel.

CHAPITRE XIII.

QUE TOUT CE QUI PAROÎT DE GRAND DANS LA DISPOSITION DE L'AME DE CEUX QUI NE SONT PAS VÉRITABLEMENT A DIEU N'EST QUE FOIBLESSE.

Il n'est pas moins vrai de la volonté de l'homme considérée en elle-même et sans le secours de Dieu, que de son esprit et de son intelligence, que ce qui y paroît de plus grand n'est que foiblesse, et que les noms de force et de courage, par lesquels on relève certaines actions et certaines dispositions de l'âme, nous cachent les plus grandes lâchetés et les plus grandes bassesses. Ce que nous prenons pour course est une fuite, pour élévation est une chute, pour fermeté est légèreté. Cette immobilité et cette roideur inflexible qui paroît en quelques actions n'est qu'une dureté produite par le vent des passions qui enfle comme des ballons ceux qu'elles possèdent. Quelquefois ce vent les élève en haut, quelquefois il les précipite en bas. Mais en haut et en bas ils sont également légers et foibles.

Qu'est-ce qui porte tant de gens à suivre la profession des armes, dans laquelle il faut par nécessité s'exposer à tant de hasards et à souffrir tant de fatigues? Est-ce le désir de servir leur prince ou leur pays? Ils n'en ont pas souvent la moindre pensée. C'est l'impuissance de mener une vie réglée. C'est la fuite du travail où leur condition les engage. C'est l'amour de ce qu'il y a de licencieux dans la vie des soldats. C'est la foiblesse de leur esprit et l'illusion de leur imagination qui les flatte par de fausses espérances, et qui, leur représentant d'une manière vive les maux qu'ils veulent éviter, leur cache ceux auxquels ils s'exposent.

Ne vous imaginez pas que ce brave qui marche à l'assaut avec tant de fierté méprise sérieusement la mort, et qu'il considère fort la justice de la cause qu'il soutient. Il est tout possédé de la crainte des jugements qu'on feroit de lui s'il reculoit; et ces jugements le pressent comme un ennemi, et ne lui permettent pas de penser à autre chose. Voilà la source de ce grand courage.

Pour en être convaincu, on n'a qu'à considérer ces gens que l'on fait passer pour des exemples de la force et de la générosité humaine dans les endroits de leur vie où ils ont été dépourvus de ce vent qui les portoit dans leurs actions pompeuses et éclatantes. On y voit ces prétendus héros qui sembloient braver la mort, et se moquer des choses les plus terribles, renversés par le moindre accident, et réduits à témoigner honteusement leur foiblesse. Qu'on regarde cet Alexandre qui avoit fait trembler toute la terre, et qui dans les combats avoit si souvent affronté la mort, attaqué d'une maladie mortelle dans Babylone. A peine la mort lui paroît-elle à découvert, qu'il remplit tout son palais de devins, de devineresses et de sacrificateurs. Il n'y a point de sotte superstition où il n'ait recours pour se défendre de cette mort qui le menace, et qui l'emporte enfin après l'avoir auparavant terrassé de son seul aspect, et l'avoir réduit aux plus grandes bassesses. Pouvoit-il mieux faire voir que, quand il sembloit la mépriser, c'est qu'il s'en croyoit bien éloigné, et que les passions dont il étoit transporté lui mettoient comme un voile devant les yeux qui l'empêchoit de la voir?

Et que l'on ne croie pas qu'il y ait plus de véritable force dans ceux d'entre les païens qui ne semblent pas s'être démentis, et qui sont morts en apparence avec autant de courage qu'ils avoient vécu. De quelques pompeux éloges que les philosophes relèvent à l'envi la mort de Caton, ce n'est qu'une foiblesse effective qui l'a porté à cette brutalité, dont ils ont fait le comble de la générosité humaine. C'est ce que Cicéron découvre assez, lorsqu'il dit *qu'il falloit que Caton mourût, plutôt que de voir le visage du tyran*[1]. C'est donc la crainte de voir le visage de César qui lui a inspiré cette résolution désespérée. Il n'a pu souffrir de se voir soumis à celui qu'il avoit tâché de ruiner, ni de le voir triompher de sa vaine résistance. Et ce n'a été que pour chercher dans la mort un vain asile contre ce fantôme

[1] Lib. I. Offic.

de César victorieux, qu'il s'est porté à violer toutes les lois de la nature. Sénèque, qui en fait son idole, ne lui attribue pas un autre mouvement quand il lui fait dire : *Puisque les affaires du genre humain sont désespérées, mettons Caton en sûreté.* Il ne pensoit donc qu'à sa sûreté. Il ne pensoit qu'à s'ôter de devant les yeux un objet que sa foiblesse ne pouvoit souffrir. Ainsi, au lieu de dire comme Sénèque qu'il mit en liberté avec violence *cet esprit généreux qui méprisoit toute la puissance des hommes :* Generosum *illum contemptoremque omnis potentiæ spiritum ejecit*, il faut dire que par une foiblesse pitoyable il succomba à un objet que toutes les femmes et tous les enfants de Rome souffrirent sans peine, et que la terreur qu'il en eut fut si violente, qu'elle le porta à sortir de la vie par le plus grand de tous les crimes.

Ces morts tranquilles et où il ne paroît aucune fureur, comme celle de Socrate, pourroient paroître plus généreuses. Mais toute cette tranquillité étoit pourtant bien peu de chose, puisqu'elle ne venoit que d'ignorance et d'aveuglement. Socrate ne croyoit pas se devoir effrayer de la mort, parce que, disoit-il, il ne savoit si c'étoit un bien ou un mal; mais il faisoit voir par là qu'il avoit bien peu de lumière. Car, n'est-ce pas un malheur terrible que de ne savoir pas en entrant dans un état éternel, s'il doit être heureux ou malheureux? Et ne faut-il pas avoir une insensibilité monstrueuse pour n'être point touché de cette effroyable incertitude, et pour être capable, lorsque l'on est sur le point d'en faire l'essai, de prendre encore plaisir à discourir avec ses amis, et à jouir de la vaine satisfaction que donnent les sentiments d'affection et d'estime qu'ils nous font paroître. Voilà néanmoins ce qui a occupé l'esprit de Socrate dans le plus beau jour de sa vie, au jugement des philosophes, qui est celui de sa mort.

CHAPITRE XIV.

FOIBLESSE DE L'HOMME DANS SES VICES ET DANS SES DÉFAUTS. NULLE FORCE QU'EN DIEU.

Si les vertus purement humaines ne sont que foiblesse, que doit-on juger des vices? Quelle plus grande foiblesse que celle d'un ambitieux? Il néglige tous les biens réels et solides de la vie, il s'engage à mille dangers et à mille traverses, parce qu'il ne peut souffrir qu'un autre ait sur lui quelque vaine prééminence.

Quelle foiblesse que de regarder comme nous faisons avec complaisance, mille choses ridicules, lors même que nous sommes persuadés qu'elles le sont; qui est-ce qui n'est pas convaincu que c'est une bassesse de se croire digne d'estime, parce qu'on est bien vêtu, qu'on est bien à cheval, qu'on est juste à placer une balle, qu'on marche de bonne grâce? Cependant combien y en a-t-il peu qui soient au-dessus de ces choses-là, et qui ne soient pas flattés quand on les en loue!

Peut-on s'imaginer une plus grande foiblesse que celle qui fait trouver tant de goût dans les divertissements du monde? Car est-il possible de réduire une âme à un état plus bas, et plus indigne d'elle, que de lui interdire toute autre pensée pour ne l'occuper que du soin de conduire le corps qu'elle anime selon la cadence d'un instrument de musique, ou de suivre des bêtes qui courent après d'autres bêtes? Cependant c'est presque là tout ce qui fait le divertissement des princes et des grands. Cette privation de toutes pensées raisonnables, et cette application totale de l'âme à un objet grossier, vain et inutile est ce qui fait le plaisir de tous les jeux. Moins l'homme agit en homme, plus il est content. Les actions où la raison a beaucoup de part le lassent et l'incommodent, et sa pente est de se réduire, autant qu'il peut, à la condition des bêtes.

L'homme fait ce qu'il peut pour se dissimuler sa propre foiblesse, mais quoi qu'il fasse, il ne laisse pas de la sentir, toute son application est à y chercher des remèdes; mais il se conduit avec si peu de lumière dans cette recherche, qu'au lieu de la diminuer il l'augmente. Le but des ambitieux et des voluptueux n'est en effet que de soutenir leur propre foiblesse par des appuis étrangers. Les ambitieux tâchent de le faire par l'éclat et par l'autorité, les voluptueux par les plaisirs. Les uns et les autres cherchent à satisfaire à leur indigence, mais ils y réussissent également mal, parce qu'ils ne font qu'augmenter leurs besoins et leurs nécessités, et leur foiblesse par conséquent. Qu'est-ce qui distingue, dit saint Chrysostome, les anges de nous, sinon qu'ils ne sont pas pressés de besoins comme nous ? ainsi ceux qui en ont moins approchent plus de leur état, et ceux qui en ont plus en sont les plus éloignés : *Celui qui a besoin de beaucoup de choses*, dit encore ce même père [1], *est esclave de beaucoup de choses, il est lui-même serviteur de ses serviteurs, et il en dé-*

---

[1] Chrys. hom. 79. in Joan. p. 413.

pend plus qu'ils ne dépendent de lui. De sorte que l'augmentation des biens et des honneurs de ce monde, ne faisant qu'augmenter les servitudes et les dépendances, nous réduit ainsi à une misère plus effective.

Ne cherchons donc point de force dans la nature de l'homme. De quelque côté que nous la regardions, nous n'y trouverons que foiblesse et qu'impuissance. C'est en Dieu seul et dans sa grâce qu'il la faut chercher. C'est lui seul qui peut éclairer ses ténèbres, affermir sa volonté, soutenir sa vie temporelle autant de temps qu'il veut, et changer enfin les infirmités de son âme et de son corps en un état éternel de gloire et de force. Tout ce que nous avons dit de la foiblesse de l'homme ne sert qu'à relever le pouvoir de cette grâce qui le soutient. Car, quelle force ne faut-il point qu'elle ait, pour rendre victorieuse d'elle-même et du démon une créature si corrompue, si foible et si misérable, pour l'élever au-dessus de toutes choses, et pour lui faire surmonter le monde avec tout ce qu'il a de trompeur, d'attirant et de terrible : *Magna gratia opus est, ut cum omnibus amoribus, terroribus, erroribus suis vincatur hic mundus.*

CHAPITRE XV.

FOIBLESSE DE L'HOMME PAROÎT ENCORE DAVANTAGE, EN QUELQUE SORTE, DANS CEUX QUI SONT A DIEU.

Mais, s'il est vrai que rien ne fait mieux voir la puissance de la grâce que la foiblesse de l'homme, on peut dire aussi que rien ne découvre tant la foi-

blesse de l'homme que la grâce même ;
et que les infirmités de la nature sont
en quelque sorte plus visibles dans ceux
que Dieu a le plus favorisés de ses grâces. Il n'est pas si étrange que des gens
environnés de ténèbres, qui ne savent
ce qu'ils sont ni ce qu'ils font, et qui ne
suivent que les impressions de leurs sens
ou les caprices de leur imagination,
paroissent légers, inconstants et foibles
dans leurs actions. Mais qui ne croiroit
que ceux que Dieu a éclairés par de si
pures lumières, à qui il a découvert la
double fin et la double éternité de bonheur ou de misère qui les attend; qui
ont l'esprit rempli de ces grands et effroyables objets d'un enfer, des démons,
des anges, des saints, d'un Dieu mort
pour eux, qui ont préféré Dieu à toutes
choses; qui ne croiroit, dis-je, qu'ils
seroient incapables d'être touchés des
bagatelles du monde? Cependant il n'en

est pas ainsi. Leur cœur ne laisse pas d'être encore souvent très-sensible aux moindres choses. Une réception un peu froide, une parole incivile les ébranlent. Ils succombent quelquefois à des tentations très-légères, au même temps que Dieu leur fait la grâce de surmonter les plus grandes. Ils se voient encore sujets à mille passions, à mille pensées, à mille mouvements déraisonnables. Les niaiseries du monde les viennent troubler dans leurs méditations les plus sérieuses. S'ils ne tombent pas tout à fait dans le précipice des crimes, ils sentent en eux-mêmes un poids et une pente qui les y porte, et ils sentent en même temps qu'ils n'ont aucune force pour s'empêcher d'y tomber, et que si Dieu les abandonnoit à eux-mêmes, ils y seroient en un moment entraînés.

Ainsi ce sont ceux proprement qui voient leur pauvreté, et qui peuvent dire avec le prophète : *Je suis un homme qui voit quelle est ma misère.* Ego *vir videns paupertatem meam*[1]. Les gens du monde sont pauvres et foibles sans le savoir. Un malade ne sent bien la perte de ses forces que quand il les veut éprouver. Ce n'est qu'en faisant effort pour résister à un torrent qui nous emporte, que l'on en connoît la violence. Il n'y a donc que les gens de bien qui puissent bien connoître leur foiblesse, parce qu'il n'y a qu'eux qui s'efforcent de la surmonter. Et, quoiqu'ils la surmontent en effet dans les choses les plus importantes, c'est néanmoins avec tant d'imperfections et tant de défauts, et ils voient en même temps tant d'autres choses où ils ne la surmontent pas, qu'ils n'en ont que plus de sujet d'être convaincus de leur misère.

---

[1] Jerem. Thren. c. 3. v. 1.

Ce ne sont donc pas seulement les moins éclairés, et les plus imparfaits, et ceux à qui on donne le nom de foibles, qui doivent dire à Dieu : *Ayez pitié de moi, Seigneur, parce que je suis foible*[1]. Ce sont les plus forts et les plus parfaits, et ceux qui ont reçu de Dieu plus de grâces et plus de lumière. Car le propre effet de cette lumière est de les pénétrer davantage du sentiment de leur bassesse et de leur misère, de leur faire reconnoître devant Dieu qu'ils ne sont que ténèbres dans leur esprit, que foiblesse et inconstance dans leur volonté, que leur vie n'est qu'une image qui passe et une vapeur qui se dissipe. C'est cette lumière qui leur fait crier à Dieu avec le prophète : *Mon être n'est qu'un néant devant vous.* SUBSTANTIA *mea tanquam nihilum ante te*[2], et qui

---

[1] Ps. 6. 3. — [2] Ps. 38. 6.

leur ôtant ainsi toute confiance en leurs propres forces, et les rendant vils et anéantis devant leurs propres yeux, les remplit en même temps d'admiration de la puissance infinie de Dieu et de l'abîme incompréhensible de sa sagesse; et les porte ainsi à se jeter entre ses bras par une humble confiance, en reconnoissant qu'il n'y a que lui qui les puisse soutenir parmi tant de langueurs et de foiblesse; qui les puisse délivrer de tant de maux, qui les puisse rendre victorieux de tant d'ennemis; et enfin que c'est en lui seul qu'ils peuvent trouver la force, la santé et la lumière qu'ils ne trouvent point en eux-mêmes, ni dans toutes les autres créatures.

DE LA SOUMISSION
A LA VOLONTÉ DE DIEU.

PREMIÈRE PARTIE.

Doce me facere voluntatem tuam, quia Deus meus es tu.
Ps. 142. v. 10.

Enseignez-moi à faire votre volonté, parce que vous êtes mon Dieu.

CHAPITRE PREMIER.

QUE LA VIE PAÏENNE, C'EST DE SUIVRE SA PROPRE VOLONTÉ, ET LA VIE CHRÉTIENNE DE SUIVRE CELLE DE DIEU.

La différence la plus générale que l'Écriture mette entre les justes et les pécheurs, est que les uns marchent dans les voies de Dieu, et que les autres marchent dans leurs propres voies. C'est pourquoi elle renferme tous les désordres auxquels les païens ont été abandonnés par la justice de Dieu, dans ce seul mot qui les comprend tous : *Dimisit omnes gentes ingredi vias suas*[1]. **Il a laissé** *toutes les nations marcher dans leurs voies.* Et le prophète au contraire renferme toutes les instructions que Jésus-Christ devoit donner au monde dans cette seule parole, qu'il nous enseigneroit ses voies : *Et docebit nos vias suas*[2].

Or, pour savoir ce que c'est que marcher dans ses propres voies, il ne faut que considérer ce que dit saint Paul en un autre lieu, où, parlant de l'état des hommes avant la foi, il dit qu'ils marchoient dans la vanité de leurs sens, et qu'ils suivoient les volontés de la

---

[1] Act. 14. v. 15. — [2] Isaïe, 2. v. 3.

chair et de leurs pensées : *Ambulantes in vanitate sensus sui, facientes voluntatem carnis et cogitationum*[1]. Et pour savoir au contraire ce que c'est que de marcher dans les voies de Dieu, il ne faut que considérer ce passage de saint Pierre, où, parlant de ce que se doivent proposer les fidèles convertis, il dit qu'ils doivent se résoudre de passer tout le reste de leur vie à suivre la volonté de Dieu, et non les désirs des hommes : *Ut jam non desideriis hominum, sed voluntati Dei, quod reliquum est in carne vivat temporis*[2]. Ainsi, suivre sa volonté propre, c'est marcher dans sa voie et vivre en païen ; et suivre la volonté de Dieu, c'est marcher dans la voie de Dieu, et vivre en chrétien.

C'est pourquoi le premier mouvement

[1] Ephes. 4. 17. Ibid. 2. v. 3. — [2] 1 Petr. 4. v. 2.

que la grâce inspira à saint Paul parfaitement converti, fut de lui faire dire à Jésus-Christ : *Seigneur, que vous plaît-il que je fasse ?* Domine, *quid me vis facere*[1]*?* Et ce mouvement renferma un renoncement à toute sa vie passée, dans laquelle il n'avoit suivi que ses inclinations, une résolution ferme de suivre la volonté de Dieu dans le reste de toute sa vie, et un désir sincère de la connoître. De sorte qu'elle comprenoit en quelque manière toutes les vertus que saint Paul a depuis pratiquées, comme la semence et la racine contiennent les fruits que l'arbre doit produire en son temps.

Or, ce que l'esprit de Dieu fit dire à saint Paul doit être dit par chaque chrétien, et il n'y en a aucun qui ne soit obligé d'imiter l'apôtre, en disant

[1] Act. 9. 6.

à Dieu : *Seigneur, que vous plaît-il que je fasse?* Il ne suffit pas de le dire au commencement de sa conversion : il faut même renouveler sans cesse cette protestation dans la suite de sa vie, parce que la volonté propre qui n'est pas morte en nous tâche toujours de reprendre son empire et de bannir le règne de celle de Dieu.

Il faut toujours désirer de connoître la volonté de Dieu, parce que notre ignorance nous la cache à tout moment. Il faut toujours désirer de la suivre, parce que notre concupiscence ne cesse point de nous en éloigner pour nous porter à ce qu'elle aime. Mais afin que ce désir et cette protestation de vouloir obéir à Dieu ne soient pas stériles et ne demeurent pas dans une simple idée sans effet, il est utile de méditer sérieusement ce que c'est que de suivre la volonté de Dieu, et de quelle sorte il faut pratiquer ce devoir essentiel de la vie chrétienne dans toutes les rencontres de la vie. Et pour cela il faut premièrement savoir ce que c'est que la volonté de Dieu, que nous voulons suivre.

CHAPITRE II.

DEUX MANIÈRES DE CONSIDÉRER LA VOLONTÉ DE DIEU : COMME RÈGLE DE NOS ACTIONS; COMME CAUSE DE TOUS LES ÉVÉNEMENTS. EXPLICATION DE LA PREMIÈRE MANIÈRE. ON POSSÈDE QUELQUEFOIS LA CHARITÉ SANS LE SAVOIR, ET L'ON NE L'A PAS QUAND ON LE CROIT.

L'Écriture sainte et la doctrine de l'Église nous obligent de regarder la volonté de Dieu en deux manières. Premièrement, comme la règle de nos devoirs, qui nous prescrit ce que nous devons faire, qui nous montre les dispositions où nous devons être ; qui nous découvre ce que nous devons désirer, ce que nous devons fuir, où nous devons tendre, qui condamne tout le mal, et commande tout le bien. Secondement, comme la cause de tout ce qui se fait dans le monde, à l'exception du péché, qui produit efficacement tout ce qui est bon, et ne permet le mal que pour en tirer du bien.

Selon la première manière, l'Écriture lui donne divers noms qui ne marquent tous que la même chose. C'est cette *loi éternelle* dont parle si souvent saint Augustin, qui défend de troubler l'ordre de la nature, qui commande de le conserver, et qui, plaçant l'homme entre Dieu et les créatures corporelles et inanimées, lui défend d'attacher son amour à aucune autre chose qu'au souverain Être; puisqu'il ne le peut faire sans sortir de son ordre, et sans s'abaisser au-dessous des choses qui lui sont inférieures ou égales. C'est cette *justice divine* qui brille dans nos esprits, comme dit le même saint Augustin, qui nous rend aimable tout ce qui y est conforme, quand même nous n'y trouverions rien d'ailleurs qui attirât notre amour. Ce n'est qu'en aimant et en suivant cette justice, que les hommes sont justes, et qu'en s'en éloignant, qu'ils sont injustes et pécheurs.

Ce sont ces *jugements* et ces *justifications* dont David parle si souvent, c'est-à-dire les règles et les ordonnances justes et saintes qui instruisent l'homme de ce qu'il doit faire, et qui sont écrites dans Dieu même, parce qu'elles ne sont autre chose que sa volonté toute juste et toute équitable. C'est cette *sagesse* dont parle le sage dans tous ses livres, qu'il faut sans cesse désirer, qu'il faut chercher *comme l'argent*, qui nous sert de guide dans notre chemin, et qui habite en Dieu et avec Dieu. *Omnis sapientia a Domino Deo est, et cum illo fuit semper, et est ante ævum*[1].

Ce sont ces *préceptes* que l'Écriture appelle éternels, et qu'elle nous commande d'avoir toujours devant les yeux, et de conserver dans notre cœur, qui doivent marcher avec nous ; qui ne nous doivent point quitter dans le sommeil même, et qui doivent être le premier objet de nos pensées à notre réveil. *Liga ea in corde tuo jugiter, cum ambulaveris gradiantur tecum, cum dormieris custodiant te, et evigilans loquere cum eis*[2].

C'est cette *lumière* qui fait que nous sommes *enfants de lumière*, et qui fait

[1] Eccli. 1. v. 1. — [2] Prov. 6. v. 21 et 22.

que les uns marchent dans les ténèbres et les autres dans la lumière, selon qu'ils l'abandonnent ou qu'ils la suivent. *Quia mandatum lucerna est, et lex lux* [1].

C'est cette *vérité*, selon laquelle il est dit des justes, qu'ils *marchent dans la vérité*, qu'ils *sont dans la vérité*, et qu'ils *sont la vérité*. Enfin, c'est Dieu même, puisque tous ces noms ne signifient que la volonté de Dieu, et que la volonté de Dieu est Dieu même.

Cette justice, cette loi, cette vérité divine nous est manifestée par l'Écriture sainte, et principalement par l'Évangile. Et c'est un des sens de ce verset de saint Paul : *La justice de Dieu nous y est révélée, la justice qui vient de la foi, et se perfectionne dans la foi.* JUSTITIA *enim Dei in eo revelatur ex fide in fidem* [2]. Mais la révélation extérieure

---

[1] Prov. 6. 23. — [2] Rom. 1. 17.

ne sert de rien, si Dieu n'éclaire intérieurement nos esprits, s'il ne luit en eux comme vérité et comme lumière, et s'il ne leur découvre la beauté de sa justice. Et c'est pourquoi il est dit *qu'il y a une véritable lumière qui éclaire tout homme qui vient au monde* : ERAT *lux vera quæ illuminat omnem hominem venientem in hunc mundum* [1] ; c'est-à-dire que les hommes ne sont éclairés qu'autant qu'il plaît à cette lumière divine et incréée de luire dans leurs esprits.

C'est en suivant cette justice, en s'y conformant, en l'aimant, et en la désirant, que les hommes justes croissent en justice. C'est en s'en éloignant qu'ils sont injustes, méchants, corrompus, déréglés, parce que cette justice est l'ordre essentiel, la vertu essentielle, la sainteté essentielle. Et comme cette

[1] Joan. 1. 6.

justice est Dieu même, il est clair que l'amour de cette justice est l'amour de Dieu; que c'est la même chose que la charité; et qu'agir par l'amour de la justice, c'est agir par charité et par principe d'amour de Dieu.

Et par là on peut voir qu'on possède quelquefois la charité et qu'on agit par principe de charité sans le savoir; et qu'on est quelquefois sans charité, et que l'on agit sans charité, quand on croit en être vivement touché. Car il y a des personnes qui, ne sentant point de dévotion sensible envers l'humanité de Jésus-Christ, et lisant quelquefois sa passion sans attendrissement et sans ferveur, s'imaginent qu'elles n'aiment pas Jésus-Christ, parce que leur amour n'est pas accompagné de cette dévotion sensible. Mais si ces personnes ont une grande horreur de l'injustice et du péché, si elles aiment la justice et la loi de

Dieu, si elles la trouvent juste et sainte, si elles y obéissent avec amour, et qu'elles ne voulussent pas même pécher, quand Dieu leur promettroit l'impunité, elles aiment véritablement Jésus-Christ comme Dieu, parce qu'il est cette justice, cette sagesse, cette loi éternelle qu'elles aiment. Il y en a au contraire qui ressentent quelquefois des mouvements sensibles pour Jésus-Christ, qui versent des larmes en lisant ce qu'il a souffert pour nous, et qui néanmoins n'ont aucun véritable amour de Dieu, parce qu'ils n'aiment point *la justice et le jugement*, comme parle l'Écriture, qu'ils ne sont point pénétrés d'un certain sentiment qui fait trouver la loi de Dieu toute aimable et toute juste, et qui nous y soumet avec amour.

CHAPITRE III.

COMBIEN DAVID ÉTOIT TOUCHÉ DE L'AMOUR DE LA LOI DE DIEU. EXCELLENCE DU PSAUME : BEATI IMMACULATI.

C'est de l'amour de la loi de Dieu que David étoit vivement touché lorsqu'il s'écrie dans ses psaumes : La loi de Dieu est toute pure, elle attire les âmes par sa beauté : *Lex Domini immaculata convertens animas* [1]. Les ordonnances de Dieu sont fidèles, on n'est jamais trompé en les suivant. Elles donnent la sagesse, non aux orgueilleux qui y résistent, mais aux humbles qui s'y soumettent : *Testimonium Domini*

[1] Ps. 118. 8.

fidele, sapientiam præstans parvulis[1]. Les justices, c'est-à-dire les volontés toutes justes du Seigneur, sont la droiture même, et elles comblent les âmes de joie : *Justitiæ Domini rectæ, lætificantes corda*[2]. Ses commandements sont pleins de lumière, et ils éclairent les yeux de l'âme : *Præceptum Domini lucidum, illuminans oculos*[3]. La crainte du Seigneur est sainte, elle ne passe pas comme celle des hommes, elle demeure éternellement : *Timor Domini sanctus, permanens in sæculum sæculi*[4]. Les jugements de Dieu sont la vérité même, et ils sont justes par eux-mêmes : *Judicia Domini vera, justificata in semetipsa*[5]. Ils sont plus désirables que toutes les richesses du monde, et plus doux que le miel le plus délicieux : *Desiderabilia*

---

[1] Ps. 118. 8. — [2] Ibid. v. 9. — [3] Ibid. — [4] Ibid. v. 10. — [5] Ibid.

super aurum et lapidem pretiosum multum, et dulciora super mel et favum[1]. Toutes ces expressions viennent d'une âme transportée de la beauté de la loi de Dieu, de sa justice, de sa droiture, de sa douceur, et qui s'efforce d'exprimer les mouvements qu'elle ressent, et que Dien forme en elle, au même temps qu'il fait briller cette loi divine dans son esprit.

Aussi l'Église est si persuadée que cet amour de la loi de Dieu est le fondement de la piété chrétienne, que c'est en quoi consiste la vraie charité, et que la méditation de cette loi doit être notre entretien continuel, qu'au lieu qu'elle partage en des jours différents les autres instructions de l'Écriture et les autres psaumes, et qu'elle ne nous oblige pas de nous y appliquer chaque jour,

---

[1] Ps. 118. v. 11.

elle nous donne pour notre nourriture de tous les jours ce psaume [1] admirable où David demande à Dieu par tant d'expressions différentes la connoissance et l'amour de sa loi. Et cela, afin qu'en le récitant à toutes les heures du jour, ce nous soit un avertissement continuel de ne perdre point de vue cette divine lumière qui nous peut seule conduire dans les ténèbres de cette vie, et sans laquelle nous sommes toujours dans l'égarement.

Tout ce que contient ce psaume se réduit à cette prière de saint Paul : *Domine, quid me vis facere;* ou à ce verset d'un autre psaume : *Doce me facere voluntatem tuam, quia Deus meus es tu*[2]. Apprenez-*moi à faire votre volonté, parce que vous êtes mon Dieu.* Tous les versets de ce psaume merveil-

---

[1] Le Ps. 118. — [2] Ps. 142, v. 10.

leux ne disent que la même chose, quoiqu'en une infinité de manières différentes. Par exemple, quand le Prophète dit dès le commencement : *Beati immaculati in via, qui ambulant in lege Domini*[1] ; HEUREUX *ceux qui se conservent sans tache dans la voie, qui marchent dans la loi du Seigneur*, il témoigne à Dieu qu'il admire le bonheur de ceux qui observent sa loi, et par là il fait voir le désir qu'il a de leur être semblable. Or ce désir exposé aux yeux de Dieu est une prière par laquelle on lui demande qu'il nous fasse la grâce de connoître cette loi, et qu'il nous donne la force de l'accomplir. Quand il dit même que ceux qui commettent des crimes, ne marchent point dans les voies de Dieu : *Non enim qui operantur iniquitatem, in viis ejus ambulave-*

---

[1] Ps. 118. v. 1.

runt[1] ; c'est comme s'il jetoit un regard d'indignation contre la vie des personnes déréglées, et un regard d'amour et d'une sainte jalousie vers la vie des gens de bien : et ce double regard enfermant l'amour de la justice et la haine de l'injustice est une double prière par laquelle il demande à Dieu la connoissance et l'amour de sa loi. Il me seroit aisé de parcourir ainsi tous les autres versets, pour montrer qu'ils se rapportent tous au même but.

[1] Ps. 118., v. 3.

CHAPITRE IV.

RÉFLEXIONS SUR LA PRIÈRE DE SAINT PAUL : « SEIGNEUR, QUE VOULEZ-VOUS QUE JE FASSE. » 1. QU'IL FAUT DEMANDER A DIEU DE CONNOÎTRE SES PROPRES DEVOIRS. COMMENT LA CONNOISSANCE DES DEVOIRS D'AUTRUI NOUS PEUT DEVENIR PROPRE.

La répétition si fréquente que l'Église fait de la même prière, par laquelle on demande de connoître la volonté de Dieu, fait voir qu'il n'y en a point de plus importante. C'est pourquoi il est bon d'en bien pénétrer le sens, et de savoir à quoi elle s'étend ; et c'est ce que nous pouvons apprendre de la manière dont saint Paul l'a exprimée, en disant : *Seigneur, que voulez-vous que je fasse?* Domine, *quid me vis facere?* On y doit remarquer, 1° qu'il ne demande pas seulement à Dieu en général ce qu'il faut faire ; c'est ce qu'un chrétien est obligé de faire ; mais qu'il lui demande ce qu'il devoit faire en particulier. Il ne désire pas seulement d'être instruit des devoirs communs, mais aussi de ses devoirs particuliers. Car il y a des lois de Dieu qui sont en quelque sorte générales, parce qu'elles doivent être observées par tout le monde, et il y en a de particulières qui dépendent de nos différentes dispositions. Chacun a son don de Dieu, et il faut prendre garde de ne pas vouloir le servir dans le don d'un autre. Dieu ne demande pas les mêmes choses à tous. Ce qui est vertu à l'un, peut être vice à un autre. Nous avons en quelque sorte chacun notre voie différente pour aller à Dieu, et il lui faut demander qu'il nous fasse connoître, non-seulement la voie commune, mais aussi cette voie qui nous est propre. *Domine, quid me vis facere?*

Ainsi ces paroles prises en ce sens peuvent servir à nous préserver d'une illusion ordinaire aux personnes de piété, qui est de méditer peu sur leurs propres obligations, et de s'appliquer beaucoup à celles des autres. Il y en a qui savent fort bien ce que doivent faire les rois, les grands, les maîtres, les serviteurs, les confesseurs, les pénitents, les riches, les pauvres, et qui ne savent pas ce qu'ils doivent faire eux-mêmes. Ils appliquent tout aux autres et rien à eux. Ils sont pleins de discours d'édification pour l'instruction d'autrui, et ils sont pauvres et stériles pour eux-mêmes. C'est qu'ils ne demandent pas à Dieu sincèrement qu'il leur fasse connoître ce qu'il veut qu'ils fassent. Car une des premières lumières que Dieu leur donneroit, ce seroit qu'il veut qu'ils s'appliquent beaucoup à eux et peu aux autres : *Quæ præcepit tibi Deus, cogita illa semper*[1] : PENSEZ *toujours à ce que Dieu vous commande,* dit le sage. Il ne nous reste donc point de temps pour penser à ce qu'il commande aux autres, à moins qu'il ne nous commande lui-même d'y penser, et que ces pensées mêmes ne fassent une partie de nos devoirs, et ne nous servent à nous en acquitter plus fidèlement. Car il n'est pas absolument mauvais de méditer sur les obligations des différentes conditions ; mais il n'en faut pas demeurer là, et il faut s'appliquer à soi-même ce que l'on aura découvert des devoirs des autres.

Pourvu que l'on ait cette vue, il n'y a presque point de réflexion sur les de-

---

[1] Eccli. 3. 22.

voirs d'autrui qui nous soit interdite : car il n'y a presque point de connoissance qui se rapporte tellement aux autres, qu'elle ne produise en nous quelque devoir et quelque obligation particulière, et que l'on ne pût réduire en pratique pour sa propre édification, si l'on avoit le même soin de tirer du profit des richesses spirituelles qui passent par notre esprit, que les avares en ont de profiter des richesses temporelles qui leur passent par les mains.

Nous connoissons, par exemple, les dangers de l'état des grands, la multitude des devoirs dont ils sont chargés, les difficultés qu'ils ont à s'en acquitter. Remercions Dieu de ne nous avoir pas fait naître grands ; prions pour ceux qui le sont ; rendons grâces à Dieu pour ceux qui s'acquittent de leurs devoirs ; admirons leur vertu ; édifions-nous de leur exemple ; humilions-nous en nous comparant à eux. Nous connoissons la difficulté de la vie des prêtres : que cette pensée éteigne en nous tout désir d'un état si haut et si dangereux ; qu'elle nous porte à demander à Dieu qu'il donne des prêtres saints à son Église, et qu'il sanctifie ceux qui le sont. Nous avons quelque lumière pour connoître le relâchement de plusieurs monastères : que cela nous porte à en gémir devant Dieu, et à entrer dans des sentiments de crainte, puisque ce sont autant de marques de la colère de Dieu sur l'Église, dont nous devons craindre de ressentir les effets, si nous n'avons soin de les prévenir par l'humiliation et la pénitence. Ainsi nous saurons pour nous-mêmes tout ce que nous saurons pour les autres : et ces connoissances au lieu de nous tirer hors de nous, serviront au contraire à nous y rappeler.

DE LA SOUMISSION

CHAPITRE V.

2. RÉFLEXION. QU'IL FAUT DEMANDER DES LUMIÈRES DE PRATIQUE, ET RÉGLER ENCORE PLUS LES MOUVEMENTS INTÉRIEURS QUE LES ACTIONS EXTÉRIEURES. 3. RÉFLEXION. QU'IL FAUT DEMANDER A CONNOÎTRE LA VOLONTÉ DE DIEU TOUT ENTIÈRE.

La seconde réflexion qu'on peut faire sur ces paroles de saint Paul, est qu'en demandant à Dieu ce qu'il vouloit qu'il fît, il ne lui demande pas des lumières spéculatives qui lui eussent été inutiles pour sa conduite, mais il lui demande celles qui lui étoient nécessaires pour agir. *Domine, quid me vis facere?* Et cela nous apprend que les lumières qu'il nous est permis de rechercher et de demander à Dieu sont celles d'action. Ce sont celles qui nous sont nécessaires pour conduire nos pas. *Votre parole est une lampe qui éclaire mes pieds, et une lumière qui me fait voir les sentiers où je dois marcher.* Lucerna *pedibus meis verbum tuum, et lumen semitis meis* [1]. Nous ne devons pas demander à Dieu de voir bien loin autour de nous, il suffit de voir où il faut mettre nos pieds, et que Dieu nous découvre sa volonté à mesure qu'il est besoin de l'exécuter.

Plus nous étendons notre vue, moins nous voyons clair dans le chemin où nous marchons. Et c'est pourquoi le sage nous avertit que la vraie finesse est de bien connoître, non la voie des autres, mais sa voie propre. *Sapientia callidi est intelligere viam suam* [2], et

---

[1] Ps. 118. 10. 5. — [2] Prov. 14. 8.

que *le fin* est toujours occupé du soin de considérer où il placera ses pas. *Astutus considerat gressus suos*[1].

Mais cette voie que l'on doit connoître, ces pas que l'on doit conduire, ne marquent pas seulement les actions extérieures qu'il faut régler selon la loi de Dieu ; mais aussi les mouvements intérieurs de notre âme. Car le cœur a ses pas et sa voie ; et tout cela n'est autre chose que ses affections, c'est-à-dire ses désirs, ses craintes, ses espérances, qu'il doit tâcher de rendre conformes à la loi de Dieu, en n'aimant rien que ce qu'elle approuve, et en rejetant tout ce qu'elle condamne.

Enfin saint Paul demande généralement à Dieu qu'il lui fasse connoître sa volonté : *Domine, quid me vis facere ?* Il n'excepte rien. Il présente à Dieu un

---

[1] Prov. 14. v. 15.

cœur préparé à l'exécution de tous ses ordres. Et il nous apprend par là que lorsqu'on demande à Dieu de connoître sa volonté, il faut avoir un désir sincère de la connoître tout entière, et qu'il ne faut pas avoir dans le cœur des réserves volontaires, par lesquelles nous souhaitions de ne la pas connoître en quelque point, de peur de nous croire obligés de l'accomplir. Car un des plus grands et des plus ordinaires défauts des hommes, c'est de ne vouloir pas connoître la volonté de Dieu, lors même qu'il semble qu'ils lui demandent avec plus d'ardeur la grâce de la connoître. Nous avons presque tous de certains défauts auxquels nous ne voulons pas toucher, et que nous cachons autant qu'il nous est possible à Dieu et à nous-mêmes. Et c'est pourquoi saint Paul ne souhaite pas seulement aux Colossiens qu'ils connoissent la volonté de Dieu;

mais il leur souhaite encore qu'ils soient remplis de cette connoissance : *ut impleamini agnitione voluntatis ejus*[1] ; c'est-à-dire, qu'il n'y ait point de replis secrets dans leur esprit et dans leur cœur où cette divine lumière ne pénètre, et qu'ils n'aient point d'attaches volontaires qui empêchent que Dieu ne les remplisse de sa lumière et de sa grâce.

Mais il y a bien des gens ou qui ne font point cette prière, ou qui ne la font pas comme il faut. Car combien en voit-on qui font des heures entières de méditation par jour, et qui néanmoins ne pensent jamais à des défauts que tout le monde connoît en eux, et qu'ils ignorent seuls toute leur vie ! C'est qu'ils les ont mis d'abord en réserve. Ils exposent à Dieu tout le reste de leur cœur : mais pour ce repli où ils ont mis

---

[1] Coloss. 1. 9.

les imperfections qu'ils chérissent, ils se donnent bien de garde de le découvrir. Cependant ils font des protestations générales qu'ils ne désirent rien tant que de connoître la volonté de Dieu. Ils récitent tous les jours ce psaume qui ne contient que cette unique prière, et il leur semble qu'ils le font de tout leur cœur. Mais c'est qu'outre ce cœur qui prononce ces prières, ils en ont encore un autre qui les désavoue. Ils en ont un pour Dieu, et un pour eux-mêmes. Ils en ont un qui désire d'obéir à Dieu dans quelques actions qui ne leur sont pas fort pénibles, et ils en ont un autre qui, voulant demeurer attaché à certaines choses, ne veut pas connoître qu'elles soient mauvaises. Et ainsi ils sont du nombre de ceux que le sage menace par ces paroles[1] : *Væ duplici*

[1] Eccli. 1. 14.

corde, Malheur *à ceux qui ont un cœur double;* et dont il dit qu'ils ne réussiront pas, parce qu'ils marchent par une double voie. *Cor ingrediens duabus viis, non habebit successus*[1]. *Le cœur qui marche par deux voies ne réussira point.*

C'est ce qui nous fait voir qu'il ne suffit pas de demander à Dieu la connoissance de sa volonté, si l'on ne lui demande encore ce cœur simple qui n'ait point d'autre désir que de l'accomplir. C'est pourquoi le prophète n'appelle pas heureux simplement ceux qui témoignent à Dieu de vouloir connoître sa loi ; mais ceux qui la sondent jusque dans le fond, et qui la cherchent de tout leur cœur, *Beati qui scrutantur testimonia ejus, in toto corde exquirunt eum*[2] : qui ne se bornent point dans le

---

[1] Eccli. 3. 28. — [2] Ps. 118 2.

désir de servir Dieu, et qui lui peuvent dire avec le même prophète : *Je vous ai cherché de toute l'étendue de mon cœur, ne me rejetez pas de la voie de vos préceptes. In toto corde meo exquisivi te, ne repellas me a mandatis tuis*[1]. Ce sont ces justes que leur simplicité conduit dans le droit chemin : *Simplicitas justorum diriget eos*[2], parce que Dieu ne manque jamais d'éclairer ceux qui n'ont point d'autre désir que de le suivre.

[1] Ps. 118. 10. — [2] Prov. 11. 3.

CHAPITRE VI.

QU'IL N'Y A POINT D'EXERCICE DU MATIN PLUS NATUREL QUE DE DEMANDER A DIEU QU'IL NOUS FASSE CONNOÎTRE ET SUIVRE SA VOLONTÉ, ET DE RÉGLER PAR AVANCE SES ACTIONS PAR CE QUE L'ON EN CONNOÎTRA. QUE L'ATTENTION A CETTE VOLONTÉ EST LE VRAI EXERCICE DE LA PRÉSENCE DE DIEU.

Plusieurs personnes demandent des exercices de piété pour le matin, et plusieurs personnes en prescrivent, chacun suivant en cela ses lumières et les mouvements de sa piété. Mais il semble qu'il n'y en ait point de plus naturel ni de plus utile que de s'offrir à Dieu, comme saint Paul, pour accomplir sa volonté pendant le jour; et de lui demander la grâce de la connoître ; de prévoir ses actions ; de les régler suivant les lumières qu'il nous donne, et de le prier de nous donner la force d'accomplir ce qu'il nous fait connoître de sa volonté. Car il ne se faut pas contenter de demander à Dieu en général qu'il nous éclaire sur nos devoirs ; il le faut consulter sur chaque action particulière, et non-seulement sur l'extérieur des actions, mais aussi sur les dispositions intérieures, afin de tâcher dans la suite du jour de les pratiquer avec cet esprit et dans ces dispositions. C'est en cette manière que l'on observeroit cet avis du sage, de s'entretenir avec les préceptes de Dieu dès son réveil : *Et evigilans loquere cum eis*[1].

C'est proprement là l'idée que saint Augustin avoit de la véritable piété. Et

---

[1] Prov. 6. 22.

c'est pourquoi nous voulant former celle d'un sage, c'est-à-dire d'un vrai chrétien, il le représente par ces paroles : *Concevons*, dit-il, *dans notre esprit un homme sage, dont l'esprit est éclairé par la vérité éternelle et immuable*[1], Qui la consulte sur toutes ses actions, et qui n'en fait aucune qu'il ne voie dans cette vérité qu'il la doit faire, *afin qu'en lui obéissant et s'y soumettant, il agisse justement.* Mais il ne faut pas s'imaginer que ceux qui ne sont pas sages, c'est-à-dire ceux qui ne sont pas dans ce degré de perfection, soient dispensés par là de consulter cette loi ; ils y sont aussi obligés que les plus sages : et ce qui fait même qu'ils ne le sont pas, est qu'ils ne la consultent point, et qu'ainsi il est impossible qu'ils agissent bien, puisque

---

[1] Lib. 3. de Trin. cap. 3. n. 8.

bien agir n'est autre chose qu'aimer cette loi, s'y soumettre et la suivre dans ses actions.

Mais il ne faut pas se contenter de consulter seulement la loi de Dieu et sa justice au commencement du jour, il faut, autant qu'il est possible, ne la point perdre de vue : et surtout dans toutes les nouvelles actions qui n'entrent pas dans l'ordre que l'on s'est prescrit, il est nécessaire de jeter un regard vers Dieu pour lui demander ce qu'il veut que nous fassions, et pour consulter sa loi sur la conduite qu'il nous oblige d'y garder. C'est pourquoi il semble qu'on ne se puisse former une meilleure idée de la vie et de la piété chrétienne, qu'en la considérant comme une vie d'attention continuelle à ce que Dieu demande de nous dans chaque état et dans chaque action, et extérieure et intérieure ; et que c'est cette disposition que le prophète exprime, lorsqu'il dit : *Je regardois le Seigneur et l'avois toujours présent devant mes yeux.* Providebam *Dominum in conspectu meo semper*[1]. Car ce regard vers Dieu est le regard d'un esclave vers son maître, et d'un fils vers son père, qui enferme un désir sincère de connoître tous ses ordres et une préparation de cœur à les suivre. C'est proprement cet exercice que l'on peut appeler : *l'exercice de la présence de Dieu*, si recommandé dans les livres de dévotion. Enfin c'est ce que Dieu même recommanda à Abraham en lui ordonnant de marcher en sa présence : *Ambula coram me, et esto perfectus*[2]. Car marcher devant Dieu, et avoir Dieu présent, c'est consulter continuellement sa loi, et se conduire par sa lumière, cette lu-

---

[1] Ps. 15. 8. — [2] Genes. 17. 1.

mière et cette loi n'étant qu'une même chose.

CHAPITRE VII.

QU'IL FAUT TOUJOURS RÉGLER LES ACTIONS EXTÉRIEURES, QUOIQUE L'ON SOIT TROUBLÉ AU DEDANS. QUE CETTE CONDUITE EST LA SOURCE DE L'ÉGALITÉ D'ESPRIT. QU'UN HOMME DE BIEN N'A POINT D'HUMEUR. EXEMPLE DE CE CARACTÈRE DANS FEU MONSEIGNEUR L'ÉVÊQUE D'ALET.

Il y a cette différence entre les actions extérieures et les intérieures, que l'on connoît beaucoup mieux si les actions extérieures sont conformes ou contraires à la loi de Dieu, que l'on ne le fait des intérieures, qui sont couvertes souvent par les nuages que la concupiscence y répand, en sorte que nous ne saurions assurer si nous avons le fond du cœur dans l'état où Dieu veut que nous l'ayons. Mais comme nous ne saurions sortir de cette obscurité, il ne faut pas laisser de régler l'extérieur, parce que la réformation de notre conduite extérieure est un moyen pour parvenir à la réformation intérieure de l'âme. C'est pourquoi si l'on n'a pas encore les sentiments que l'on doit, il ne faut pas laisser de faire ce que l'on doit. Si l'on sent des mouvements d'orgueil au dedans, il faut d'autant plus tâcher d'agir humblement au dehors. De même quand on se sent le cœur aigri contre quelqu'un, la volonté de Dieu est que l'on n'ait aucun égard à ce sentiment, et que l'on agisse envers lui comme si l'on avoit le cœur plein d'amour et de tendresse. Et cette conduite n'est nullement une hypocrisie, puisqu'elle est réglée sur la vérité, et que si les mouvements qui occupent la surface de l'âme n'y sont pas conformes, elle est pourtant ordonnée par cette partie de l'âme qui domine et qui commande aux membres extérieurs.

C'est là l'unique moyen de parvenir à une piété constante et uniforme qui suive Dieu uniquement, sans consulter ses sentiments, ses humeurs et ses inclinations ; et qui ne fasse paroître au dehors que l'humeur et les sentiments conformes à l'action que l'on fait. Si c'est une occasion où il soit à propos d'être gai, il faut témoigner de la gaieté. S'il est besoin d'être triste, il faut faire paroître de la tristesse. Il y a des rencontres où il faut témoigner de la tendresse, de la confiance, de la cordialité, de la compassion ; et il faut tâcher d'en exciter en soi les mouvements selon que la raison réglée par la volonté de Dieu nous dicte qu'il est juste et utile de les avoir. Que s'il ne nous est pas possible de les ressentir vivement, il faut au moins qu'ils soient comme imprimés dans notre extérieur : et par ce moyen il faut espérer que Dieu nous fera la grâce de régler nos mouvements intérieurs comme nous aurons réglé les extérieurs pour l'amour de lui.

C'est ce que pratiquent dans le monde les habiles courtisans. Ils n'ont point d'humeur propre, parce qu'ils empruntent leurs passions des personnes à qui ils veulent plaire. Leur intérêt fait cette joie superficielle, cette tristesse apparente, ce bon visage, cette complaisance qui paroît au dehors. La vraie piété imite à peu près cette conduite, excepté qu'elle en change le principe et la fin, et qu'au lieu de l'intérêt qui règle celle des gens du monde, elle prend la loi de Dieu pour sa règle, dans laquelle elle voit, et la manière de traiter avec chaque personne, et la disposition intérieure avec laquelle on le doit faire. Si elle la sent, elle la suit. Si elle ne la sent pas, elle l'excite autant qu'elle peut, et elle l'imprime au moins dans ses actions extérieures, afin de se l'imprimer peu à peu dans le cœur.

Des personnes très-judicieuses, qui ont fort étudié un grand prélat [1], qui a été la gloire de l'Église de France, disoient de lui qu'il avoit plusieurs visages, selon les diverses actions auxquelles il s'appliquoit. Qu'il en avoit un à l'autel et dans l'église, qui marquoit un recueillement profond ; qu'il en avoit un autre dans la conversation, qui témoignoit de la gaieté ; un autre sérieux et grave dans les choses où il devoit faire

---

[1] M. Nicolas Pavillon, évêque d'Alet, mort le 8 décembre 1677.

paroître de l'autorité; un autre doux et compatissant quand l'occasion le demandoit. Et c'est là proprement cette égalité d'esprit, et cette suppression de toute humeur, que la vue de la volonté de Dieu doit produire en nous.

Mais outre les autres avantages de cette pratique de supprimer ainsi toutes ses inclinations, d'en aplanir les inégalités, et de ne faire paroître dans chaque action que les mouvements que la raison nous inspire, elle a encore celui de renfermer la plus grande, la plus utile et la plus continuelle mortification que l'on puisse pratiquer. Elle est secrète, et personne ne s'en aperçoit. Elle est continuelle, parce que nos inclinations se mêlent partout, et nous détournent sans cesse de l'ordre de Dieu, soit en compagnie, soit en solitude. Elle ne donne sujet de plainte à personne. Les domestiques ne s'y intéressent point. Les médecins spirituels et corporels ne nous l'interdisent jamais. Elle donne même lieu de couvrir la mortification spirituelle sous des soulagements corporels, lorsque la raison nous ordonne de nous y soumettre; et elle en retranche certaines façons qui servent souvent à se conserver la gloire de la mortification, lorsque l'on cesse de la pratiquer.

CHAPITRE VIII.

ACTIONS DE VERTU QUE LA VUE DE LA VOLONTÉ DE DIEU NOUS DÉCOUVRE. ORDRE DES ACTIONS : QU'IL N'Y FAUT PAS ÊTRE ATTACHÉ. OBÉISSANCE RELIGIEUSE FACILITE LA VIE CHRÉTIENNE.

Il n'y a rien aussi qui nous découvre plus d'actions de vertu à exercer que cette attention continuelle à la loi de Dieu, parce qu'il n'y a rien qui nous les cache davantage que de s'abandonner à ses inclinations. C'est cette attention qui nous apprend à contribuer autant que l'on peut chrétiennement au divertissement des autres dans la conversation, à s'insinuer dans leur esprit par une complaisance sans affectation, à les souffrir dans leurs importunités, à les avertir de certains défauts par des manières douces et proportionnées à leur humeur, à éviter de les choquer inutilement, à se taire lorsqu'il est à propos, à parler quand il le faut, et à satisfaire ainsi à un très-grand nombre de petits devoirs qui échappent à ceux qui agissent par humeur. C'est un des sens de cette parole du sage : *Qui autem inquirunt Dominum animadvertunt omnia*[1].

---

[1] Prov. 28. 5.

Ceux qui cherchent Dieu prennent garde à tout.

C'est cette attention à la volonté de Dieu qui nous maintient dans une vie réglée, égale et uniforme, et qui nous fait pratiquer avec fidélité les mêmes exercices dans les mêmes temps. Car si nous avons pour but de suivre Dieu, nous jugerons avec raison que nous nous rendrons plus conformes à sa volonté en suivant un ordre établi dans les choses indifférentes qu'en le quittant par inclination et par fantaisie. Moins nous avons de part aux choses, plus nous avons sujet de croire que c'est Dieu que nous suivons en les faisant. Et celles qui sont d'elles-mêmes égales et indifférentes, deviennent inégales et différentes, lorsque l'on y ajoute cette raison d'uniformité dans les mêmes exercices.

Mais si l'amour de la volonté de Dieu

nous fait préférer dans les choses indifférentes l'ordre et l'égalité au désordre et à l'inégalité, il retranche aussi toute attache de la pratique de ces exercices, et il nous rend flexibles à les changer quand Dieu le veut : parce que ne désirant que d'obéir à Dieu, il est également content quand il trouve également moyen de pratiquer cette obéissance. C'est pourquoi quelque règle que l'on se soit prescrite dans les choses indifférentes, il faut être prêt de la changer dans les occasions où Dieu nous fait connoître qu'il demande autre chose de nous. C'est par cette flexibilité que des personnes qui aiment l'étude ne laissent pas de s'appliquer avec soin à des entretiens qu'ils n'aiment pas, lorsque la charité le demande ; qu'ils perdent en quelque sorte leur temps, lorsque Dieu veut qu'ils le perdent ; qu'ils quittent leurs ouvrages sans peine lorsque Dieu veut qu'ils les quittent ; qu'ils ne forment point des desseins fixes ni arrêtés, et qu'ils se tiennent toujours entre les mains de Dieu pour s'appliquer aux choses selon qu'il leur fait connoître qu'elles lui sont agréables.

Il faut pourtant prendre garde à ne pas porter cette flexibilité jusqu'à l'instabilité. Car les hommes n'ayant que fort peu de temps à eux, il est impossible qu'ils s'appliquent à une occupation, qu'en se séparant des autres. Or, dans ce choix, les moindres doivent céder aux plus grandes, il faut nécessairement opter : et quand on a choisi, il ne faut pas facilement changer le choix qu'on a fait. S'il n'est pas possible, par exemple, de conduire certaines personnes et de travailler en même temps pour l'Église, il faut voir lequel est le plus utile et le plus conforme à notre vocation. S'il n'est pas possible de partager son esprit à tant de sortes d'études, il faut le borner à quelques-unes, et souffrir de bon cœur de n'être pas habiles dans de certaines choses. Si l'on ne peut satisfaire à tant d'actions de charité, il faut se restreindre à celles qui sont en notre pouvoir, en se souvenant toujours de cet avis du sage, qui nous doit servir de règle en une infinité d'occasions : *Mon fils, ne vous engagez pas dans une multiplicité d'actions.* FILI, *ne in multis sint actus tui*[1].

Tout cela fait voir que l'obéissance des religieux est plutôt une facilité que les saints ont trouvée pour observer la loi de Dieu, qu'une nouvelle sévérité qu'ils aient ajoutée à l'Évangile. Car en quelque état que l'on soit, il ne peut être permis d'agir par cupidité, ni de se conduire par sa volonté et par son

---

[1] Eccli. 11. 10.

caprice. Il faut toujours que la volonté de Dieu soit notre règle, non-seulement dans les actions importantes, mais même dans les plus petites. Or cette volonté de Dieu étant quelquefois difficile à découvrir; et notre propre volonté prenant souvent la place de celle de Dieu, les saints ont introduit cet assujettissement à un supérieur pour nous déterminer dans toutes les actions indifférentes, en nous rendant la volonté de Dieu plus sensible ; parce qu'il est certain que Dieu veut que les religieux obéissent dans ces choses à leur supérieur, au lieu que ceux qui n'ont point de supérieur ont plus de peine à discerner ce que Dieu demande d'eux.

Cette peine vient de l'impureté de leur cœur, qui obscurcit cette loi de Dieu. Car si nous avions le cœur droit et simple, la volonté de Dieu nous paroîtroit clairement dans les plus petites occasions : c'est pourquoi l'apôtre saint Paul nous avertit de renouveler notre esprit pour reconnoître la volonté de Dieu : *Reformamini in novitate sensûs vestri, ut probetis quæ sit voluntas Dei, bona, et beneplacens et perfecta*[1]. *Qu'il se fasse en vous une transformation par le renouvellement de votre esprit, afin que vous reconnoissiez quelle est la volonté de Dieu, ce qui est bon, ce qui est agréable à ses yeux, et ce qui est parfait.* Nous devons donc croire que si nous ne la discernons pas, c'est que nous ne sommes pas renouvelés; que nous vivons de la vie d'Adam, c'est-à-dire que nous ne pensons qu'aux choses du monde; que notre cœur est rempli de l'amour du monde, et qu'il est vide de celui de Dieu, qui est le principe du renouvellement de l'âme.

[1] Rom. 12. 2.

Il ne faut pas aussi s'imaginer que pour n'avoir pas fait vœu de pratiquer les autres exercices de la vie religieuse, nous soyons pour cela dispensés de ceux qui servent à conserver et à faire croître la piété. La déclaration que Dieu nous fait de sa volonté sur ce point est générale, quand il nous dit : *La volonté de Dieu est que vous soyez saints et purs*. Hæc *est voluntas Dei sanctificatio vestra* [1]. Et cette déclaration nous oblige de travailler sans cesse à notre sanctification, d'embrasser les moyens qui y sont propres, et que cette même loi nous enseigne. De sorte que si nous n'avons pas de maîtres des novices qui nous exercent à la vertu ni des confesseurs qui nous fassent cette charité, la loi de Dieu nous doit tenir lieu de l'un et de l'autre, et nous en devons

[1] 1. Thess. 4. 3.

tirer des exercices et des pratiques qui soient propres à guérir nos maux et à nous faire avancer dans le chemin du salut. Ce qui est toujours bien plus difficile qu'il ne l'est à un religieux de pratiquer ce qu'on lui ordonne.

CHAPITRE IX.

QUE NOUS DEVONS PRINCIPALEMENT AVOIR EN VUE D'OBÉIR A DIEU DANS LE MOMENT PRÉSENT. QUE QUELQUE ÉLOIGNÉ DE DIEU QUE L'ON SOIT, ON PEUT RENTRER DANS SON ORDRE EN UN INSTANT. QUE LA LOI DE DIEU DÉCOUVRE A TOUS UN CHEMIN DE PAIX.

Ce désir de connoître la volonté de Dieu regarde particulièrement le présent. Car encore que l'on puisse prévoir quelquefois ce que l'on doit faire à l'avenir; ce ne doit jamais être que lorsque c'est un devoir présent d'y penser. Ainsi l'on peut dire que la voie de la vérité et la voie de la vie consistent à regarder ce que Dieu demande de nous dans le moment présent, et à l'exécuter à l'instant, c'est-à-dire à prier quand Dieu veut que nous priions; à souffrir quand Dieu veut que nous souffrions; à agir quand il veut que nous agissions; à s'occuper de l'avenir quand il veut que nous nous en occupions; à penser à nous quand il veut que nous y pensions; et à penser aux autres quand il nous ordonne d'y penser.

Mais que devroit-on faire si, en considérant son état présent, on le trouvoit déréglé et contraire à Dieu? On devroit faire ce que Dieu prescrit pour cet état. Car il n'y en a point en ce monde de si malheureux et de si déréglé duquel on ne puisse rentrer dans l'ordre de Dieu à l'instant même ; comme il n'y a point d'état si heureux, si saint, si conforme à la volonté de Dieu, dont on ne puisse sortir à tout moment. Il y a toujours une ligne de tout état à Dieu, et sitôt que l'on commence à marcher sur cette ligne on est dans son ordre. Si on est dans le vice, la ligne qui mène à Dieu est d'y renoncer et de se résoudre d'embrasser tous les moyens nécessaires pour en sortir, et de pratiquer à l'heure même celui de ces moyens qui est le plus dans l'ordre de Dieu. Si l'on est mal entré dans une charge, qu'il soit nécessaire de la quitter, et que l'on le puisse faire à l'heure même, on rentre dans l'ordre de Dieu en la quittant effectivement. Mais si la prudence ne permet pas que l'on sorte de cet état à l'heure même, il suffit qu'on le fasse par le désir ; et alors, quoique l'on y soit entré contre l'ordre de Dieu, ce n'est plus contre son ordre que l'on y demeure, puisqu'il n'y a plus que sa volonté qui nous y retienne.

Ainsi ce ne sont pas seulement les justes qui, en consultant la loi de Dieu, entendent au fond de leur cœur une réponse de paix, comme disoit le prophète : *J'écouterai ce que le Seigneur mon Dieu dira au dedans de moi, parce qu'il annoncera la paix pour son peuple.* Audiam *quid loquatur in me Dominus Deus, quoniam loquetur pacem in plebem suam*[1]. Ce ne sont pas seulement les saints, *et super sanctos suos ;* ce sont aussi les plus grands pécheurs, pourvu qu'ils rentrent en eux-mêmes et qu'ils se tournent vers Dieu : *Ceux qui se convertissent en rentrant au fond de leur cœur:* Et *in eos qui convertuntur*

---

[1] Ps. 84, 9.

ad cor. Cette lumière divine leur découvre à tous un chemin de paix; mais il est vrai qu'il est plus difficile aux uns qu'aux autres, et que souvent il paroît, à ceux qui sont plongés dans le vice, si rude et si escarpé, qu'ils désespèrent d'y pouvoir marcher. Mais pourvu qu'ils se fassent violence, il ne leur est pas impossible, puisque cette même lumière qui leur montre ce chemin leur découvre aussi un secours qu'ils peuvent obtenir par leurs prières, et qui leur peut donner plus de force qu'ils n'ont de foiblesse.

CHAPITRE X.

QUE LA VUE DE LA VOLONTÉ DE DIEU COMME JUSTICE FAIT LE PARADIS ET L'ENFER, SELON LES DIFFÉRENTES DISPOSITIONS DE CEUX QUI LA REGARDENT.

Le regard de la volonté de Dieu comme justice fait la piété des vrais chrétiens sur la terre, et elle fera dans le ciel l'éternelle félicité des bienheureux. C'est dans ce regard que consiste ce torrent de délices dont ils seront enivrés. Car leur souverain plaisir sera de n'avoir plus rien en eux qui s'oppose à la justice de Dieu, et de lui être parfaitement assujettis. Leur gloire sera qu'elle règne sur eux ; et c'est en cette manière que leur charité sera toute pure, parce qu'ils ne rapporteront pas Dieu à eux-mêmes, mais qu'ils se rapporteront à Dieu, et n'aimeront que Dieu en eux. C'est pourquoi saint Augustin, exprimant l'état des saints dans le ciel, dit *qu'ils s'anéantiront continuellement en la présence de Dieu, en le préférant à eux-mêmes, par un amour éternel.*

Mais ce qui est étrange, est que par un effet tout contraire, ce que Dieu fera connoître de sa justice aux méchants sera leur plus grand tourment, et ce sera ce qui les précipitera dans l'enfer. Car, comme dit une sainte fort éclairée[1]: *Aussitôt qu'une âme est séparée de son corps, elle va droit au lieu qui lui est propre. Et si étant morte elle ne trouvoit ce lieu que le décret de la justice de Dieu a préparé pour elle, elle seroit*

---

[1] Sainte Catherine de Gênes.

dans un enfer mille fois plus grand, parce qu'elle se verroit hors de l'ordre et de la disposition de Dieu. Ne trouvant donc point de lieu qui lui soit plus propre et qui lui soit moins pénible que l'enfer, elle s'y précipite comme dans son centre, et dans le lieu seul qui lui est convenable.

Ce n'est pas qu'elle aime cette justice; mais c'est qu'elle la connoît, et que cette justice la confond et la convainc de son indignité, ce qu'elle ne peut souffrir. Il y a une vue de Dieu qui porte à s'unir à lui et à s'exposer à la lumière de ses yeux divins; et il y en a une autre qui porte à le fuir et à se soustraire autant que l'on peut à sa présence. Adam et Caïn éprouvèrent ce mouvement après leurs crimes, et il porta l'un à se cacher dans le paradis terrestre, et l'autre à fuir vagabond dans le monde pour éviter le remords de sa conscience qui ne lui donnoit point de repos. Ce sentiment attaché aux crimes n'est pas un sentiment de crainte et de frayeur, c'est un sentiment de rage et de désespoir. On ne peut souffrir de voir celui que l'on a offensé et que l'on hait, parce que sa vue est un reproche continuel : on voudroit le détruire si on pouvoit; et ne le pouvant, on le fuit, et on s'en cache autant que l'on peut. Ce sentiment est foible en cette vie, où nous ne concevons qu'imparfaitement la difformité du péché ; mais il sera sans bornes dans l'autre lorsque les péchés auront poussé leurs épines, comme dit saint Augustin, et que nous en serons percés [1].

C'est donc par ce sentiment que les damnés se précipiteront eux-mêmes dans l'enfer, comme au lieu le plus té-

[1] In Psal. 57. n. 20.

nébreux, le plus éloigné de Dieu, et où ils seront moins percés des rayons pénétrants de sa justice. Il fait trop clair pour eux en tout autre lieu ; et leur vue ne peut souffrir cette lumière qu'ils haïssent.

Le plus grand supplice des yeux malades est de les exposer au grand jour et de les forcer de le voir. Le plus grand enfer des damnés seroit de les obliger de paroître dans la lumière des saints, de voir d'un côté leur gloire et l'amour de Dieu pour eux, et de l'autre leur propre difformité, et la haine que Dieu leur porte. Ainsi leur plus grande envie est de se cacher autant qu'ils peuvent à cette lumière qui les tue.

La vue de la justice de Dieu, jointe à celle de sa miséricorde et de son amour, est une vue qui console et qui soulage. La vue de cette même justice, jointe à celle de sa haine, est une vue qui accable et qui désespère, et qui porte l'âme à sortir de tout autre lieu que de l'enfer.

Car on peut désirer, par un mouvement d'orgueil, de sortir d'un lieu dont on n'est pas digne. Judas n'étoit pas humble, lorsque le remords de son crime fit qu'il se jugea lui-même indigne de vivre. Il ne put souffrir le reproche de son indignité, et il quitta la vie pour le fuir. Les damnés de même quittent volontairement tous les autres lieux dont ils ne sont pas dignes, pour éviter la vue pénétrante de cette lumière qui les convainc de leur crime, et qui les chasse et les fait fuir devant elle, comme l'Ange chassa Adam du paradis.

Ils ne peuvent souffrir d'être hors de l'ordre, non par l'amour de l'ordre, mais parce qu'ils ne peuvent supporter le reproche intérieur de leur désordre.

L'enfer est donc le centre des damnés, comme les ténèbres sont le centre de ceux qui fuient le jour. C'est l'état où la lumière de Dieu les incommode le moins, où les reproches de leur conscience sont moins vifs, où leur orgueil est moins confondu. Ainsi ce leur est une espèce de soulagement que de s'y précipiter. S'ils pouvoient détruire Dieu et son ordre, ils le feroient : mais ils reconnoissent qu'ils ne le peuvent. Ils se cachent donc et s'abîment dans l'enfer, et ils souhaiteroient qu'il y eût un plus grand chaos entre Dieu et eux, pour se mettre à couvert, s'ils pouvoient, des rayons de cette vérité qui les va percer jusque dans le plus profond de l'abîme.

SECONDE PARTIE.

CHAPITRE PREMIER.

QUE LA VUE DE LA VOLONTÉ DE DIEU, COMME JUSTICE, NOUS OBLIGE DE NOUS SOUMETTRE A CETTE MÊME VOLONTÉ CONSIDÉRÉE COMME CAUSE DE TOUS LES ÉVÉNEMENTS. QU'IL FAUT REMONTER, DANS TOUS CES ÉVÉNEMENTS, JUSQU'A LA PREMIÈRE CAUSE, SANS S'ARRÊTER AUX SECONDES.

Nous venons de voir la première manière de considérer la volonté de Dieu, qui contient en quelque sorte toute la vie chrétienne, puisqu'elle enferme la connoissance et l'amour de la loi de Dieu. Mais cette vue même, par laquelle nous regardons cette loi comme la règle de nos actions, nous conduit d'elle-même à nous soumettre à la volonté de Dieu, considérée comme cause de tout ce qui se fait dans le monde, excepté le péché, qu'elle ne fait que permettre; et c'est la seconde manière selon laquelle nous avons dit que l'on la devoit regarder. Car en découvrant par la foi ces grandes vérités, que Dieu fait tout, qu'il ordonne tout, qu'il règle tout, que rien n'échappe à sa providence, que par tout ce qui arrive dans le monde, il exerce ou sa miséricorde, ou sa justice; que les créatures n'ont de pouvoir que ce qu'il leur en donne, qu'elles ne sont que les instruments et les ministres de ses ordres, qu'elles ne sont, selon l'expression de l'Écriture [1], que comme une *cognée dans la main de celui qui en coupe, et comme un bâton dans la*

---

[1] Isaïe, 10. 15.

main de celui qui en frappe, nous voyons en même temps dans cette même volonté considérée comme la justice souveraine, qu'il est juste que Dieu règne et que nous obéissions, que c'est à lui à nous conduire et à nous à le suivre ; que c'est à nous à nous conformer à sa volonté, et non pas à vouloir qu'il s'accommode à la nôtre, et que cette volonté étant toujours juste et toujours sainte, elle est aussi toujours adorable, toujours digne de soumission et d'amour, quoique les effets nous en soient quelquefois durs et pénibles, puisqu'il n'y a que des âmes injustes qui puissent trouver à redire à la justice, et qu'ainsi la peine que nous avons quelquefois à nous y soumettre est une preuve de notre injustice et de notre corruption, qui nous doit porter, non à nous en prendre à Dieu, mais à nous en prendre à nous-mêmes, en nous disant avec le prophète : *Nonne Deo subjecta erit anima mea ?* O mon âme, ne te soumettras-tu point à Dieu[1] ?

Mais pour s'établir dans cette soumission à laquelle la justice même nous oblige, il est bon de regarder souvent cette volonté de Dieu, opérant dans le monde, et agissant par toutes les créatures. Car ce qui cause en partie cette révolte que nous sentons dans les choses qui nous arrivent, est que nous nous arrêtons trop aux créatures, et que nous leur imputons les événements. Nous ne voyons que le bâton qui nous frappe et qui nous châtie, et nous ne voyons pas la main qui s'en sert. Si nous découvrions Dieu partout, et que nous le regardassions au travers des voiles des créatures; si nous voyions que c'est lui qui leur donne tout ce

[1] Ps. 61. 2.

qu'elles ont de puissance, qui les pousse dans les choses qui sont bonnes, et qui dans les mauvaises détournant leur malice de tous les autres objets auxquels elle se pourroit porter, ne lui laisse point d'autre cours que celui qui sert à l'exécution de ses arrêts éternels, la vue de sa justice et de sa majesté arrêteroit nos plaintes, nos murmures, et nos impatiences : nous n'oserions pas dire en sa présence que nous ne méritons pas le traitement que nous souffrons, et nous ne pourrions avoir d'autres sentiments que celui qui faisoit dire à David : *Je me suis tu; et je me suis humilié, parce que c'est vous qui l'avez fait.* OBMUTUI *et humiliatus sum, quoniam tu fecisti*[1]. Mais nous sommes bien aises de nous cacher ces vérités, pour avoir sujet de décharger notre mauvaise hu-

[1] Ps. 38, v. 3 et 10.

meur sur les créatures, pour nous plaindre de leur injustice, pour nous justifier en nous-mêmes, et pour nous persuader que c'est à tort que nous sommes affligés.

CHAPITRE II.

QUE LA VUE DE LA VOLONTÉ DE DIEU CHANGE A NOTRE ÉGARD TOUTE LA FACE DU MONDE. IDÉE D'UNE ARMÉE. ELLE NOUS DÉCOUVRE LE RÈGNE DE DIEU, REND TOUTES LES HISTOIRES DES HISTOIRES DE DIEU.

Si nous tenions les yeux de notre esprit arrêtés sur cette première et souveraine cause de tous les événements, elle changeroit en quelque sorte la face du monde à notre égard, c'est-à-dire qu'elle nous obligeroit à changer la plupart des idées que nous nous sommes formées de ce qui s'y passe. Nous n'y verrions plus d'innocents opprimés, nous n'y verrions que des coupables punis. La terre ne seroit plus pour nous un lieu de tumulte et de désordre ; ce seroit un lieu d'équité et de justice. Nous reconnoîtrions que l'on n'y ôte à personne que ce qu'il mérite de perdre ; que personne n'y souffre que ce qu'il mérite de souffrir ; que la justice et la force y sont toujours jointes ensemble ; que l'injustice y est toujours impuissante ; qu'il n'y a ni malheurs ni infortunes, mais seulement de justes châtiments des péchés des hommes ; que l'on n'y meurt, ni par la nécessité de la nature, ni par les accidents de la fortune ; mais que l'on y punit de mort des hommes qui méritent ce supplice, dans le temps et de la manière la plus convenable ; enfin que tout y est juste et saint, et de la part de Dieu qui ordonne tout, et de la part des hommes sur qui ses ordres s'exécutent. Il n'y a que les ministres de cette volonté dominante qui peuvent être injustes, mais dont l'injustice ne sauroit empêcher que ce qu'ils font ne soit juste à l'égard de ceux qui le souffrent.

Qu'est-ce qu'une armée selon cette idée ? C'est une troupe d'exécuteurs de la justice de Dieu qu'il envoie pour faire mourir des gens qui ont mérité la mort et qu'il a condamnés à ce supplice. Qu'est-ce que deux armées qui se battent ? Ce sont des ministres de cette justice qui se punissent les uns les autres, et qui n'exécutent précisément que ce que Dieu a ordonné. Qu'est-ce qu'un meurtre ? C'est la punition d'un coupable par un ministre injuste. Qu'est-ce que des voleurs ? Ce sont des gens qui exécutent injustement le juste arrêt par lequel Dieu a ordonné que certaines personnes seroient privées de leurs biens. Qu'est-ce qu'un prince ? C'est une verge en la main de Dieu pour punir les méchants.

Ainsi c'est proprement par cette vue que nous découvrons le règne de Dieu dans le monde, et l'éminence de son pouvoir sur toutes les créatures. Car en regardant autrement les choses du monde, il semblera au contraire que la malice des hommes ait l'avantage sur Dieu même, au moins pour un temps, et que sa justice soit surmontée par leur injustice. Il est à croire que c'est par ce regard de la puissance infinie de Dieu, qui conduit toutes les créatures à ses fins de miséricorde et de justice, que le prophète s'écrie, *que Dieu a régné et qu'il est revêtu de beauté et de force*[1];

---

[1] Ps. 92. 1.

puisqu'il n'y a que le regard de la Providence qui fasse trouver de l'ordre et de la beauté dans la confusion des choses du monde, et qui découvre l'empire souverain que Dieu y exerce, malgré l'insolence des hommes injustes qui méprisent ses lois et ses volontés.

C'est par une suite de cette vue qu'on peut dire que le récit des choses passées, qui n'est en quelque sorte, pour ceux qui les regardent par une lumière purement humaine, que l'histoire du diable et des réprouvés, parce que les personnes qui paroissent le plus sur le théâtre du monde, et qui ont plus de part aux événements qui le remuent, sont pour l'ordinaire des citoyens de Babylone, dans lesquels le démon habite et par lesquels il agit, est à l'égard de ceux qui les considèrent par une vue plus haute, l'histoire de Dieu, parce qu'on n'y voit que l'exécution de ses volontés, que les arrêts de sa justice, que les effets de sa puissance. Tout y est édifiant, parce que tout y est juste.

CHAPITRE III.

COMMENT LA VUE DE LA VOLONTÉ DE DIEU NOUS DOIT FAIRE CONSIDÉRER LE PASSÉ ET LE FUTUR. ET COMMENT LA SOUMISSION QU'ON LUI DOIT S'ACCORDE AVEC LA PÉNITENCE, LE ZÈLE, LA COMPASSION, LA PRÉVOYANCE.

Le passé est un abîme sans fond qui engloutit toutes les choses passagères; et l'avenir est un autre abîme qui nous est impénétrable. L'un de ces abîmes s'écoule continuellement dans l'autre, l'avenir se décharge dans le passé en coulant par le présent. Nous sommes placés entre ces deux abîmes. Car nous sentons l'écoulement de l'avenir dans le passé ; et c'est ce qui fait le présent, comme le présent fait toute notre vie. Ce qui en est passé n'est plus, et ce qui en est futur n'est pas encore. Voilà notre état. Et ce que nous devons faire, c'est de prendre la part que Dieu veut que nous prenions au présent, et de regarder et le passé et l'avenir de la manière qu'il veut que nous le regardions.

Car encore que le passé ne soit plus à notre égard, et que le futur ne soit pas encore, néanmoins l'un et l'autre est à l'égard de Dieu. Sa volonté embrasse tous les temps. Le passé est passé, parce qu'il a voulu qu'il fût en un certain temps ; et le futur est futur, parce qu'il veut qu'il soit dans un autre. Ainsi sa volonté comprend et consacre en quelque sorte tous les événements, et passés et futurs. Nous les y trouvons tous, et comme elle est toujours adorable, elle nous oblige à regarder avec respect tous ces événements passés et futurs, par la liaison et la dépendance qu'ils ont avec cette divine volonté.

Mais il y a cette différence entre le passé et le futur, que comme nous connoissons en particulier quelque chose du passé, nous pouvons l'approuver en particulier, et louer la providence de Dieu dans ces événements. Comme nous ne voyons rien au contraire dans l'avenir, et qu'il est encore caché en Dieu, nous ne pouvons exercer la soumission que nous devons à sa volonté, que par une acceptation générale de tous ses ordres, que nous devons toujours regarder comme très-saints et très-justes.

Le passé et l'avenir étant donc si étroitement unis à la volonté de Dieu, il sembleroit d'abord que la foi ne pût exciter en nous que des sentiments de respect et de soumission pour l'un et pour l'autre ; et que l'on ne dût de même avoir à l'égard des choses présentes, qui ne dépendent pas de nous, que des sentiments d'approbation. Mais si cela est, que deviendra la pénitence qui s'afflige des maux passés ? Que deviendra le zèle et la compassion qui regardent principalement les peines et les misères présentes ? Que deviendra la prévoyance qui tâche de les prévenir et de les éviter ? Faut-il craindre que Dieu exerce sa justice ? Faut-il être affligé de ce qu'il permet ou de ce qu'il fait lui-même ? Ne juge-t-il pas en permettant le mal, qu'il est meilleur de le permettre que de l'empêcher, comme il lui seroit bien facile ? Et s'il le juge, ne le devons-nous pas juger nous-mêmes ? Peu s'en faut que l'esprit humain ne tire de là cette conclusion impie, qu'on attribuoit faussement à saint Paul, que, puisque Dieu est glorifié par les crimes des hommes, il ne les faut plus condamner. *Pourquoi me condamne-t-on encore comme pécheur?* Quid *adhuc tanquam peccator judicor*[1]?

Mais ces difficultés ne viennent que de ce que l'on ne regarde pas la volonté de Dieu tout entière, et que l'on sépare sa volonté considérée comme justice et comme règle, de sa volonté considérée comme principe de toutes choses. Car en joignant ensemble ces deux vues, nous trouverons que si Dieu permet le péché par cette volonté qui est la cause des choses, il ne laisse pas de le condamner et de le haïr par sa volonté considérée comme justice; car le péché est contraire et opposé à cette justice. S'il punit les pécheurs pour leurs fautes par sa volonté opérante, il fait connoître par sa loi éternelle que

---

[1] Rom. 3. 7.

ces fautes sont contraires à la justice qui est cette même volonté. Ainsi les effets de sa justice présentent en même temps à notre âme la double idée, et de la volonté de Dieu qui permet les péchés, et du déréglement de ces péchés qu'elle condamne. Et ces deux objets doivent causer en nous deux sortes de mouvements : l'un par lequel nous approuvions ce qui vient de Dieu, et l'autre par lequel nous condamnions ce qui vient de l'homme.

C'est par ce regard de la volonté divine que nous allions ces mouvements qui paroissent d'abord contraires et inalliables, tant à l'égard du passé que de l'avenir. Nous nous affligeons de nos péchés, parce que nous voyons dans cette justice souveraine qu'elle les condamne d'injustice, d'insolence, d'ingratitude. Nous y voyons aussi qu'il est juste que nous ressentions ces mouvements, et que nous les excitions en nous-mêmes. Mais comme nous reconnoissons aussi que Dieu a permis que nous tombassions dans ces péchés pour les faire servir aux fins de sa providence, nous ne saurions qu'adorer cette permission, parce qu'elle est juste. Et quoique cette connoissance ne nous doive pas ôter le regret de nos péchés, elle doit néanmoins apaiser les troubles et les inquiétudes excessives que nous en pourrions avoir : puisqu'enfin il est également juste, et que nous nous affligions de nos fautes dans la vue de la justice de Dieu qui nous en découvre l'énormité, et que nous cessions de nous en troubler dans la vue de la volonté de Dieu qui les a permises pour l'exécution de ses desseins.

C'est proprement cet état de paix qui naît de ce regard de la volonté souveraine de Dieu, que l'apôtre souhaite à tous les chrétiens, lorsqu'il leur dit : *Et que la paix de Dieu qui surpasse toute pensée, garde vos cœurs et vos esprits. Et pax Dei, quæ exsuperat omnem sensum, custodiat corda vestra et intelligentias vestras.* Cette paix surpasse tous les autres sentiments, mais elle ne les étouffe pas. Ils ne laissent pas de s'élever dans notre cœur par les vues de la foi, qui nous découvrent ce que Dieu juge de nos actions. Mais nous ne laissons pas aussi d'entrer dans la paix nonobstant ces sentiments, en découvrant que Dieu tout juste a permis et souffert ces péchés, et qu'il veut bien nous les pardonner. L'un de ces deux mouvements seroit imparfait sans l'autre; mais étant joints et unis ensemble, ils forment une pénitence sans désespoir, et une paix sans présomption.

Mais comme Dieu ne découvre pas également ces objets aux hommes, les mouvements qu'ils excitent ne sont pas toujours dans une égale véhémence. Par exemple, il occupe beaucoup les saints en cette vie, de l'opposition que leurs péchés ont avec la loi de Dieu, et il ne leur découvre pas avec tant d'évidence la beauté de cette divine volonté, par laquelle il les permet pour leur bien et pour sa gloire ; et ainsi les mouvements de pénitence qu'ils ressentent dans la vue de leurs fautes sont plus vifs et plus sensibles que la consolation qu'ils reçoivent de ce qu'ils doivent espérer que Dieu tirera sa gloire et leur salut de leurs péchés mêmes. Et au contraire dans l'autre vie les saints seront tellement pénétrés de la joie de voir que tout contribue à la gloire de Dieu, et si pleins de l'admiration de sa providence, qui les aura conduits au salut par le chemin dans lequel ils auront marché, qu'ils seront incapables de ressentir aucune douleur de leurs péchés.

Cette vue de la volonté de Dieu ne nous doit pas aussi rendre insensibles aux maux du prochain. Il est vrai qu'il ne leur arrive rien que de juste ; mais nous voyons en même temps dans cette même volonté considérée comme loi, comme justice, comme vérité, que les hommes ne sont point dans l'état auquel ils ont été créés ; que ces maux ne viennent point de l'institution de la nature, mais de son déréglement ; qu'ils ne sont point conformes au premier ordre de Dieu, ni à sa première inclination, qui est toute de bonté. Nous y voyons les liens qui nous unissent à ces personnes misérables, qui nous doivent porter à les aimer. Nous y voyons qu'il est juste que nous les aimions, que nous désirions de les secourir, que nous soyons affligés de leurs maux, et que

Dieu approuve que nous lui demandions le soulagement dont ils ont besoin. Il est impossible que toutes ces pensées n'excitent des mouvements de compassion ; et cet autre regard de la volonté de Dieu, qui châtie les hommes par ces maux, ne doit servir que pour modérer ces sentiments et non pour les étouffer.

Enfin la vue de la volonté de Dieu qui opère tout, et qui conduit tout à sa gloire, n'empêche point aussi les justes prévoyances que nous devons avoir pour l'avenir, parce que nous ne laissons pas de connoître que la loi de Dieu nous ordonne d'apporter des soins et des précautions raisonnables pour prévenir certains événements et pour en procurer d'autres, en laissant à sa providence de les faire réussir, et en se soumettant à ses ordres. Saint Paul [1]

[1] Rom. 1. 10, et c. 15, v. 28 et 32.

ne laissoit pas de souhaiter d'aller prêcher l'Évangile à Rome, et d'en former le dessein, quoiqu'il ne le souhaitât que dépendamment de la volonté de Dieu. En formant ces desseins, il obéissoit à la volonté de Dieu comme loi et comme règle. En se soumettant à sa volonté dans l'exécution de ses desseins, il lui obéissoit comme à la cause souveraine de toutes choses, selon les mêmes règles de sa justice éternelle. Car c'est, comme nous avons dit, la justice même qui nous oblige de nous soumettre à la volonté de Dieu dans tous les événements [1].

La vie de la foi, qui est celle des justes, les oblige donc à se rabaisser aux lumières communes de la prudence humaine, et à employer les moyens humains pour faire réussir les choses qu'ils

---

[1] Habac. 2. 4, et Rom. 1. 17.

ont raison de souhaiter, parce qu'elle défend de tenter Dieu. Et cet autre regard de la volonté absolue de Dieu, qui gouverne tout et qui fait tout, ne doit servir qu'à nous consoler dans les événements contraires à nos désirs, et non pas nous donner occasion de faire des prophéties téméraires sur l'avenir, et de nous conduire par des pressentiments qui ne sont pour l'ordinaire que des effets d'imagination, auxquels Dieu nous défend de nous arrêter. On ne sait si Dieu veut la paix ou la guerre, s'il veut que certains désordres finissent, ou s'il ne le veut pas; s'il veut faire réussir ses desseins par ce moyen, ou par celui-là. On ne doit pas laisser pour cela de tâcher de procurer la paix, de remédier aux désordres, d'employer les moyens que l'on croit les plus propres pour la fin où l'on tend, en abandonnant le succès à Dieu.

CHAPITRE IV.

QUE L'INCERTITUDE DE LA VOLONTÉ DE DIEU A L'ÉGARD DE L'AVENIR NOUS DOIT EMPÊCHER D'EN JUGER SUR DES RENCONTRES FORTUITES. CE QUE LA VUE DE CETTE VOLONTÉ RETRANCHE, OU NE RETRANCHE PAS DANS NOS ACTIONS.

C'est aussi par un sentiment du respect que nous devons à la volonté de Dieu, que nous sommes obligés d'être très-réservés à prendre pour des marques de la volonté de Dieu, la rencontre que l'on fait dans l'Écriture ou dans les livres de dévotion, de certains versets qui nous paroissent conformes à quelque chose que nous avons dans l'esprit. Car quoiqu'il soit certain qu'ayant rencontré ces versets, Dieu l'a voulu, il n'est point certain néanmoins qu'il ait permis que l'on les rencontrât pour un tel dessein, ni pour nous servir de règle de conduite. C'est notre imagination qui tire cette conséquence, et qui la tire témérairement, puisqu'elle suppose que Dieu ne peut avoir permis cette rencontre que pour une telle fin. Qui sait au contraire s'il ne l'a point permise, pour éprouver si nous serions fidèles à nous tenir dans la voie de la foi, et à nous attacher aux règles communes, ou si nous nous laisserions aller aux mouvements de vanité qui s'élèvent assez naturellement, lorsqu'on s'imagine que Dieu nous fait des faveurs particulières, et qu'il nous tire de l'ordre du commun des hommes, à qui il ne manifeste ses volontés que par les préceptes généraux de l'Écriture et les instructions ordinaires de l'Église ? Il semble donc qu'il ne soit pas bon de faire tant de fondement sur ces rencontres fortuites, et que l'on a sujet de craindre à l'égard de ces observations, ce que l'Écriture dit des songes? *Où il y a beaucoup de songes, il y a aussi beaucoup de vanité.* UBI *multa sunt somnia, plurimæ sunt vanitates*[1]. Car toute la vanité des songes consiste à conclure, non que Dieu a envoyé un songe, ce qui est toujours vrai en un sens, mais à conclure qu'il a telle et telle signification; et cette même vanité se trouve dans le jugement que nous faisons que Dieu a eu telle ou telle fin en permettant ces rencontres.

La vue de la volonté absolue de Dieu ne change donc point la manière ordinaire de juger des choses, et elle ne retranche point l'application des moyens humains et l'usage des lumières ordi-

[1] Eccli. 5. 6.

naires. Mais elle en retranche l'inquiétude, l'empressement, les désirs trop ardents pour les choses qui ne sont pas encore arrivées, les tristesses et les chagrins pour celles qui sont présentes ou passées. Car si nous sommes persuadés que Dieu fait tout, et qu'il ne peut rien faire que de juste, après avoir donné tout l'ordre qu'il nous commande de donner aux choses, nous devons nous abandonner à lui, et attendre en paix l'exécution et l'accomplissement de ses desseins éternels. Et comme nous les devons adorer lorsqu'ils nous sont manifestés par l'événement, nous les devons aussi adorer par avance lorsqu'ils sont encore cachés par les secrets de la Providence.

Il est vrai qu'entre ces événements, il y en a qui sont des effets de miséricorde, et d'autres qui sont des effets de justice. Mais comme la justice et la miséricorde de Dieu sont également adorables, nous devons une égale soumission aux uns et aux autres, avec cette différence néanmoins, que la soumission que l'on doit aux effets de miséricorde doit être ordinairement accompagnée de joie et d'actions de grâces, et que celle que l'on rend aux effets de justice doit être accompagnée d'humiliation et de terreur.

Mais ce qui doit et modérer notre joie et tempérer notre terreur, c'est qu'il est souvent impossible de distinguer ce qui est effet de miséricorde ou de justice dans les événements humains, parce que notre esprit est trop étroit pour pouvoir comprendre cet enchaînement infini de causes liées les unes aux autres, qui fait que les plus grands maux sont quelquefois attachés à ce qui paroissoit un grand bien, et les plus grands biens à ce qui paroissoit un plus grand mal. Ainsi après avoir fait tout ce qui étoit en notre pouvoir suivant les règles de la prudence ordinaire, non-seulement la foi, mais la raison même nous oblige d'être comme indifférents à l'égard des événements, parce qu'elle nous fait voir que notre lumière est trop courte et trop bornée pour en pouvoir sainement juger.

CHAPITRE V.

QU'IL FAUT PRATIQUER LA SOUMISSION A LA VO-
LONTÉ DE DIEU A L'ÉGARD DES PETITS ÉVÉNE-
MENTS. DES DÉFAUTS CORPORELS. DES SUITES DE
NOS PÉCHÉS. EXEMPLE D'ADAM.

Pour s'accoutumer à se soumettre à la volonté de Dieu dans les grands événements capables d'ébranler et d'abattre l'âme, il faut s'accoutumer à l'honorer dans les plus petites circonstances de notre vie, parce qu'elle les règle toutes aussi bien que les plus grandes. En regardant ainsi les plus petits événements comme des effets de la volonté souveraine de Dieu, l'on exerce même la foi davantage, parce que les hommes ont plus de peine à attribuer à Dieu les rencontres ordinaires et petites, que les plus grandes. Un homme bien pénétré de cette pensée ne dira donc jamais qu'une rencontre est fâcheuse, puisque, la regardant comme ordonnée de Dieu, il ne lui est pas permis de s'en fâcher. Il ne se plaindra point d'un rendez-vous qui manque, ni d'une visite importune, ni de la longueur d'un valet à qui il aura donné quelque commission, ni de ce que l'on le fait trop attendre, ni du refus qu'on lui fait d'une grâce, ni d'une petite perte, ni des saisons, ni d'un mauvais temps, ni généralement de toutes les rencontres ordinaires de la vie qui portent les hommes à l'impatience.

Chacun doit accepter avec cette même disposition tous ses défauts corporels, comme la surdité, la foiblesse de la vue, et généralement tout ce qui le peut rendre méprisable aux hommes, comme le manque de mémoire, d'adresse, d'intelligence, la naissance basse, le défaut de bien, sans jamais se plaindre de toutes ces choses, tant parce que c'est Dieu qui en est la cause, que parce que nous ne savons pas si elles ne nous sont point plus avantageuses que celles qui nous plairoient davantage, et qu'en les souffrant de cette manière, elles le deviendront en effet. Il en est de même des maladies, des calomnies, des mauvais traitements, du peu d'état que l'on fait de nous, des aversions, des préventions qu'on peut avoir contre nous. Puisque Dieu fait ou permet tout cela, nous le devons regarder avec tranquillité et avec paix, en nous tenant dans son ordre et en adorant ses jugements. Et la volonté de Dieu, qui règle toutes ces choses, doit avoir plus de force sur notre esprit pour nous les faire accepter, et pour nous les rendre aimables, que ce qu'elles ont de fâcheux pour nous porter à l'impatience et au murmure.

Il y a des accidents qui sont des suites de nos propres fautes : et si ces suites sont favorables, elles nous donnent un sujet particulier de louer la miséricorde et la bonté de Dieu, qui a su tirer le bien du mal, et convertir en moyen de salut ce qui ne méritoit que ses châtiments et la soustraction de ses grâces. Mais si ces suites sont fâcheuses et dures, comme si nos fautes ont attiré de grands maux spirituels ou temporels ; si nos déréglements ont causé un grand nombre de péchés ; si ces suites subsistent et se perpétuent, il ne faut pas que nous les regardions sans douleur. Car la volonté de Dieu, considérée comme justice, nous ordonne d'en gémir, de nous en humilier, d'en faire pénitence, et de tâcher de détourner ces suites funestes par nos actions et par nos prières. Mais elle nous ordonne en même temps de rentrer dans la paix, et d'éviter le trouble et l'inquiétude, et de nous en consoler dans la vue de sa volonté qui les a permises, et qui ne laissera pas d'en tirer sa gloire.

Nous en avons le plus grand exemple qu'on se puisse imaginer en la personne d'Adam et d'Ève ; car aucun sans doute n'a vu de si funestes suites de ses péchés, que celles qu'ils ont vues de leur désobéissance, puisque tous les maux qui sont arrivés à tous les hommes ensemble, tous les péchés qui se sont commis dans le monde, et la damnation de ce nombre innombrable de réprouvés sont des suites de leur crime. Cependant la volonté de Dieu n'a pas laissé de les en consoler, et si elle ne leur en a pas ôté la douleur lorsqu'ils étoient dans le monde, parce qu'il étoit juste qu'ils en fissent pénitence, elle l'a entièrement apaisée dans l'autre, puisque, malgré ces effroyables suites qui subsisteront éternellement, Adam et Ève ne laisseront pas de jouir dans toute l'éternité de la paix et de la consolation des justes. C'est la plus grande preuve qu'on puisse avoir de ce que peut la vue de la volonté de Dieu, pour apaiser les troubles qui devroient naître naturellement des suites de nos péchés ; et après celui-là quelques mauvais effets que nos actions puissent avoir eus, quelques renversements dont elles aient été cause, personne n'a sujet de perdre l'espérance, ni de s'abandonner au trouble par une espèce de désespoir.

Non-seulement ce regard de la volonté de Dieu nous fait souffrir en paix les suites de nos péchés, mais il nous fait aussi porter en patience nos défauts et nos imperfections aussi bien que les imperfections et les défauts des autres. Ainsi il allie encore deux mouvements qui paroissent opposés, la soif et le zèle de la justice qui nous fait haïr nos fautes, et la patience qui nous les fait souffrir, parce qu'il voit que Dieu lui prescrit l'un et l'autre. L'âme soumise à Dieu lui dit bien dans le ressentiment qu'elle a de ses misères : Jusqu'à quand, Seigneur, me laisserez-vous dans cet état : SED *tu, Domine, usquequo*[1]? Mais ce-

---

[1] Ps. 6. 4.

pendant elle ne laisse pas d'y être en paix ; elle ne met point d'autres bornes à sa patience que celles de sa vie, et elle se résout en même temps de combattre sans cesse ses imperfections, et de se souffrir néanmoins soi-même sans s'abandonner jamais au découragement, en se contentant de la mesure de la grâce qu'il plaira à Dieu de lui faire. Et c'est ce qu'elle apprend de cet avertissement du sage. *Qui timent Dominum custodiunt mandata illius, et patientiam habebunt usque ad inspectionem illius*[1]. Ceux *qui craignent le Seigneur garderont ses commandements, et ils auront patience jusqu'à ce qu'il jette les yeux sur eux.*

[1] Eccli. 2. 21.

CHAPITRE VI.

QUELLE EST LA SOUMISSION QUE NOUS DEVONS A LA VOLONTÉ DE DIEU, A L'ÉGARD DE NOTRE SALUT ÉTERNEL. QU'IL EST JUSTE D'ÉPARGNER SA PROPRE FOIBLESSE SUR CE POINT. COMBIEN LA VUE DE LA VOLONTÉ DE DIEU FACILITE LA CONDUITE DE LA VIE CHRÉTIENNE.

Enfin, le plus grand effet de cette soumission à la souveraineté de Dieu, c'est que dans l'incertitude où nous sommes de l'arrêt éternel de notre prédestination, et de celui que Dieu prononcera au jour de notre mort qui en sera l'exécution, et qui fera l'éternité de notre bonheur ou de notre misère, elle fait que notre âme reconnoît qu'il est juste, et qu'elle l'adore en cette qualité, en suivant les paroles et l'esprit du prophète, et disant avec lui à Dieu : *In manibus tuis sortes meæ*[1] : Mon *sort est entre vos mains*. Mais elle a grand soin de ne s'abandonner pas trop à cette pensée, et de ne s'y enfoncer pas trop avant, la foiblesse de notre esprit n'étant pas capable de la porter. Elle s'applique donc toute à considérer ce que Dieu lui ordonne de faire à cet égard, et quelle disposition il lui prescrit par sa vérité et par sa loi.

Or elle voit dans cette loi, premièrement, qu'il est juste qu'elle épargne sa foiblesse, en ne s'occupant pas d'une pensée si terrible ; secondement, qu'elle n'a aucun sujet de croire que cet arrêt ne lui sera pas favorable, puisque Dieu l'a séparée par tant de grâces du nombre des infidèles, des hérétiques, et de ceux qui ne pensent point à Dieu, en la met-

[1] Ps. 40. 16.

tant dans le petit nombre des fidèles de son Église qui connoissent sa loi, et qui ont quelque désir de l'observer. Elle voit dans cette vérité qu'au lieu de s'occuper inutilement de pensées de défiance qui ne peuvent que lui nuire, elle doit tâcher uniquement de se corriger de ses fautes, d'y remédier à l'avenir, de se mettre dans la voie de Dieu si elle n'y est pas, et d'y marcher fidèlement si elle y est.

Elle voit que Dieu veut qu'elle nourrisse et entretienne son espérance par tous les justes sujets que la vérité lui fournit, et que sur tout elle se garde bien de le regarder comme un ennemi qui n'auroit aucun amour pour elle. Car cette idée est fausse et exécrable à l'égard des réprouvés mêmes. *Dieu n'a point fait la mort*, dit l'Écriture[1], *et il*

---

[1] Sap. 1. 13.

ne se plaît point dans la perte des vivants. Si ces créatures s'éloignent de lui, c'est en se rendant indignes des effets de sa bonté, et en l'obligeant par leur malice volontaire à exercer sur elles sa justice. Il y a toujours en Dieu des entrailles de miséricorde, pour recevoir les pécheurs s'ils retournoient à lui, et s'ils se convertissoient. Son sein paternel leur est toujours ouvert, et ils ont toujours tort de ne se pas convertir. Il est vrai que par une justice secrète, Dieu ne croit pas devoir changer la volonté corrompue des réprouvés ; mais cette volonté de justice ne détruit point cette bonté essentielle qui est la loi de Dieu même, et sa volonté par laquelle il est prêt de recevoir en sa grâce tout pécheur converti et qui abandonne ses péchés, et par laquelle il lui ordonne de se convertir. C'est de cette bonté que procède cette patience dont parle saint

Paul[1], qui invite les pécheurs à la pénitence. S'ils la faisoient, la miséricorde de Dieu leur seroit ouverte, et ses grâces couleroient sur eux avec abondance. Ce sont eux qui en arrêtent le cours et qui y mettent obstacle; mais elles ne laissent pas d'être toutes prêtes dans ses trésors.

Rien ne facilite donc davantage la conduite de la vie chrétienne que ce regard de la volonté de Dieu, dans toute son étendue. Car il fait voir que toute la vie d'un vrai chrétien est une vie de paix, qui regarde avec tranquillité le présent, le passé et l'avenir dans l'ordre de Dieu, et qui consulte continuellement sa loi pour apprendre d'elle ce qu'il doit faire à chaque moment, et quelle disposition intérieure il doit avoir à l'égard des choses auxquelles il

---

[1] Rom. 2. 4.

doit s'appliquer. Ces dispositions sont différentes selon les objets : et elles renferment tous les mouvements légitimes de joie, de tristesse, de désir, de crainte, d'amour, d'indignation, de compassion qu'ils doivent exciter. Mais tous ces sentiments sont toujours joints à la disposition générale de repos et de paix, que la vue de la volonté souveraine de Dieu entretient dans le fond de l'âme d'un chrétien, qui calme et qui modère tous les mouvements particuliers. C'est cette paix dont ceux qui aiment la loi de Dieu jouissent toujours, comme dit David : *Pax multa diligentibus legem tuam*[1]. C'est cette paix que Jésus-Christ laissa à ses disciples en quittant le monde, et que le monde ne connoît point : *Pacem relinquo vobis, non quomodo mundus dat, ego do vobis*[2]. C'est

[1] Ps. 118. 165. — [2] Joan. 14. 27.

cette paix que l'apôtre saint Paul souhaite aux fidèles, comme nous avons déjà dit, afin qu'elle garde et leur cœur et leur esprit : *Custodiat corda vestra et intelligentias vestras*[1]. Elle apaise les agitations du cœur en l'attachant à la volonté immuable de Dieu. Elle arrête les troubles que produit dans l'esprit la multiplicité de ses pensées, par cette unique pensée : Dieu le veut. Et elle fait ainsi que l'homme se laisse amoureusement emporter au torrent de la Providence, sans se mettre en peine d'autre chose que de s'acquitter fidèlement des devoirs particuliers qui lui sont prescrits à chaque moment par la loi de Dieu.

---

[1] Philip. 4. 7.

DES DIVERSES MANIÈRES

DONT ON TENTE DIEU.

CHAPITRE PREMIER.

FONDEMENT DE LA DÉFENSE QUI NOUS EST FAITE DE TENTER DIEU. EN QUOI CONSISTE CE PÉCHÉ.

Il y a quantité de devoirs qui sont connus de tous les chrétiens jusqu'à un certain degré, et qui leur sont fort inconnus au delà de ce degré; ce qui vient d'ordinaire de ce que, n'en pénétrant pas les véritables principes, ils ne sauroient en comprendre l'étendue. La défense que Dieu nous a faite de le tenter est proprement de ce genre. Peu de personnes ignorent que Dieu nous ordonne par là de ne pas demeurer sans rien faire, lorsque nous avons entre les mains des moyens humains que nous pouvons employer. Mais comme on ne sait pas pourquoi Dieu nous défend de négliger ces moyens humains, on en demeure là, et on pense d'autant moins à s'instruire de ce précepte, qu'il semble qu'il n'y ait rien de plus rare que de tenter Dieu en cette manière ; l'esprit humain étant infiniment plus porté à s'attacher trop aux moyens humains par un défaut d'espérance en Dieu, qu'à les négliger par un excès de confiance. C'est ce qui a fait croire qu'il ne seroit pas inutile d'expliquer un peu au long ce que c'est que tenter Dieu, et d'éclaircir les fondements et les principes de la défense que Dieu nous en fait. Voici ceux auxquels on la peut réduire.

Dieu n'est pas seulement souverainement puissant, il est aussi souverainement sage dans sa conduite. Comme puissant, il est le principe de toutes choses, soit dans le monde corporel et visible, soit dans le monde invisible et spirituel. Comme sage, il opère toutes choses par certains moyens, et dans un certain ordre.

L'orgueil et le déréglement des hommes tend également à se soustraire à la puissance et à la sagesse de Dieu, comme la piété solide tend à s'assujettir de plus en plus à l'une et à l'autre. Pour se soustraire à sa puissance, les uns ont nié entièrement la providence et l'opération de Dieu même dans les chose naturelles, comme les épicuriens. Les autres l'ont niée dans les choses spirituelles et dans les actions de notre âme, qui nous conduisent au bonheur et au malheur éternel, comme les pélagiens. Et les autres, n'osant pas aller jusqu'à cet excès d'impiété, ne l'ont pas voulu reconnoître dans le discernement des bons et des méchants, des élus et des réprouvés, comme les semipélagiens.

Mais la manière dont on se soustrait à la sagesse de Dieu, n'étant pas moins criminelle, est beaucoup plus inconnue. Et c'est ce qu'on appelle tenter Dieu, qui est un péché que peu de personnes comprennent.

Il consiste à se retirer de l'ordre de Dieu, en prétendant le faire agir à notre fantaisie, et en négligeant la suite des moyens auxquels il attache ordinairement les effets de sa puissance divine. Et pour concevoir de quelle manière on y tombe en ce qui regarde la vie de l'âme, il ne faut que considérer de quelle manière on peut y tomber en ce qui regarde la vie du corps.

Il est certain que c'est Dieu qui entretient notre être et notre vie, et qu'il n'en est pas moins proprement la cause, que s'il la faisoit subsister par un miracle visible indépendamment de tous les moyens extérieurs. Nous la soutenons par la nourriture. Mais qui est-ce qui produit cette nourriture? *Ce n'étoit, dit saint Augustin* [1], *ni ma mère ni mes nourrices qui remplissoient pour moi leurs mamelles du lait qu'elles me donnoient; mais c'étoit vous seul, Seigneur : c'étoit vous seul qui me donniez par leur entremise la nourriture dont j'avois besoin selon l'ordre naturel que vous avez établi, et selon les richesses de votre bonté et de votre providence, qui étend ses soins jusque dans les*

[1] Conf. l. 1. c. 6. n. 7.

principes les plus cachés et les causes les plus secrètes de la subsistance de vos créatures.... Vous êtes l'auteur de tous les biens, ô mon Dieu, et je vous dois toute la conservation de ma vie.

Soit qu'il nous fasse vivre de cette manière commune, soit qu'il le fasse d'une manière extraordinaire et miraculeuse, c'est toujours lui qui agit et qui nous soutient. Et ainsi nous sommes obligés de reconnoître également sa main et son opération toute-puissante, soit qu'il la cache, soit qu'il la découvre. Mais il y a néanmoins cette différence entre ces deux manières dont il agit sur les corps et sur les âmes, que la première est la voie commune par laquelle il conduit ses créatures, et l'autre est une voie extraordinaire dont il ne se sert que rarement, et qui n'a point de règles certaines. C'est dans la première que consiste l'ordre de la Providence qu'il permet aux hommes de connoître ; et la seconde ne renferme que certains effets que nous ne pouvons jamais prévoir de nous-mêmes ; parce que les conseils selon lesquels Dieu les produit en un temps, et ne les produit pas en un autre, sont trop élevés au-dessus de l'esprit des hommes.

Sa sagesse s'étant donc rabaissée à couvrir ordinairement son opération divine par des moyens humains, il est juste que les hommes s'assujettissent à ces moyens ; et c'est un extrême orgueil à eux de les négliger, et de prétendre forcer Dieu d'agir de cette manière extraordinaire, dont il ne nous a pas rendus capables de pénétrer les principes. C'est là ce qu'on appelle proprement tenter Dieu, comme Jésus-Christ nous l'apprend dans l'Évangile : car le diable le pressant de se jeter du temple en bas, en lui alléguant qu'il est écrit : Que

Dieu a commandé à ses Anges de soutenir le juste, et de l'empêcher de se blesser contre les pierres[1], Jésus-Christ le repoussa, en lui disant : *Vous ne tenterez point le Seigneur votre Dieu*[2], supposant que ce seroit tenter Dieu, que de prétendre qu'il dût faire soutenir par ses anges un juste qui se seroit exposé témérairement à ce danger, en quittant la voie commune qui consiste à l'éviter.

[1] Matth. 4. 6. — [2] Ibid. 7.

CHAPITRE II.

PREUVES DE CETTE VÉRITÉ PAR SAINT AUGUSTIN, QU'IL N'EST PAS PERMIS DE NÉGLIGER LES MOYENS ORDINAIRES POUR ATTENDRE DES MIRACLES.

Saint Augustin établit cette maxime de la morale chrétienne sur l'exemple de Jésus-Christ et de saint Paul. « La sainte doctrine nous enseigne, dit-il [1], que quand nous pouvons employer des moyens humains, c'est tenter Dieu que de les négliger. Le Sauveur ne manquoit pas de pouvoir pour garantir ses disciples par des miracles; néanmoins il leur ordonne, si l'on les persécute dans

---

[1] Aug. l. 22. Cont. Faust. c. 36.

une ville, de s'enfuir en une autre, et il a voulu même leur montrer l'exemple de cette conduite en sa personne. Car quoiqu'il fût maître absolu de sa vie, et que personne ne la lui pût ôter, s'il ne le vouloit, il n'a pas laissé dans son enfance d'éviter la mort par la fuite, en faisant que ses parents le portassent en Égypte. L'Évangile remarque de même qu'il ne voulut pas aller publiquement une fois à la fête de Pâque, quoiqu'en d'autres rencontres il ait parlé aux Juifs sans se cacher, lors même qu'ils étoient le plus en colère contre lui, et qu'ils écoutoient ce qu'il leur disoit avec le plus de haine, parce qu'ils ne pouvoient mettre la main sur lui, son temps n'étant pas encore venu. Ce n'est pas que ce temps le contraignît de mourir, mais c'est qu'il l'avoit choisi volontairement pour permettre aux Juifs de lui ôter la vie. Ainsi il a fait paroître la puissance d'un Dieu, lorsque en enseignant et en reprenant publiquement ses ennemis, il ne permit pas que leur rage eût aucun pouvoir sur lui ; mais en fuyant et en se cachant, il a instruit l'infirmité de l'homme à ne point tenter Dieu, en négligeant de faire ce qu'il peut pour se garantir des maux qu'il doit éviter. L'apôtre saint Paul ne désespéroit pas du secours de Dieu, et n'avoit pas perdu la foi, lorsqu'il se fit descendre dans une corbeille du haut des murailles de Damas, pour éviter de tomber entre les mains de ses ennemis; et sa fuite ne marquoit pas que sa foi fût éteinte, mais seulement qu'il ne vouloit pas tenter Dieu, comme il auroit fait en omettant ce moyen de se sauver. »

C'est encore par le même principe et par les mêmes exemples, que ce saint docteur réfute dans le livre qu'il a fait,

Du travail des religieux[1], la fantaisie de certains moines d'Afrique, qui ne vouloient point travailler, parce qu'il est dit dans l'Évangile que Dieu nourrit les oiseaux, quoiqu'ils ne sèment ni ne moissonnent[2], en établissant contre eux cette belle règle qui défend aux hommes de tenter Dieu, et leur apprend en même temps à n'avoir pas moins de reconnoissance pour lui, quand il les nourrit par leur travail, que s'il leur procuroit leur nourriture sans qu'ils y contribuassent rien de leur part. « S'il nous arrive, dit-il, des infirmités et des occupations qui nous empêchent de travailler, nous devons espérer que Dieu nous nourrira comme il nourrit les oiseaux, et nous revêtira comme il revêt les lis, sans que

---

[1] De opere Monach. c. 27. n. 35.
[2] Matth. 6. 26.

les oiseaux ni les lis y contribuent rien. » Mais quand nous sommes en état de travailler, nous ne devons pas tenter Dieu en négligeant de le faire, puisque le pouvoir que nous en avons est un don de Dieu ; et qu'ainsi en nous procurant par ce moyen ce qui est nécessaire pour conserver la vie, c'est toujours de Dieu que nous la tenons, parce que c'est lui qui nous donne le pouvoir de travailler.

Ainsi ce seroit tenter Dieu que de refuser de prendre de la nourriture, sous prétexte qu'il lui est aisé de nous conserver la vie sans le secours des aliments. Ce seroit tenter Dieu à un gouverneur de place, que de ne vouloir point faire de préparatifs pour la défendre des ennemis, sous prétexte qu'il est écrit : *Si Dieu ne garde la ville, c'est en vain qu'on veille pour la garder*[1].

[1] Ps. 126. 2.

Car encore qu'il la puisse conserver en effet, en la manière qu'il conserva Jérusalem contre l'armée de Sennacherib [1], néanmoins la voie ordinaire dont il conserve les villes est d'inspirer la vigilance aux capitaines et la valeur aux soldats. Et l'on peut dire généralement que tous les paresseux tentent Dieu en quelque sorte, parce qu'ils négligent les moyens par lesquels on obtient les grâces et l'assistance de Dieu.

[1] 4. Reg. 19. 10.

CHAPITRE III.

POURQUOI DIEU CACHE SES OPÉRATIONS SOUS L'APPARENCE DE CELLES DE LA NATURE, DANS LES EFFETS EXTÉRIEURS QU'IL PRODUIT SUR LES CORPS, ET DANS CE QU'IL FAIT SUR LES AMES.

Il n'y a que Dieu qui sache toutes les raisons pour lesquelles il cache ses opérations sous un certain ordre de causes qui paroissent toutes naturelles. Nous en connoissons seulement quelques-unes. Il retire par ce moyen les hommes de la paresse : il les oblige à la vigilance et au travail, il les occupe, il les exerce, il les punit par ces emplois laborieux ; il leur fait plus estimer les choses qui leur coûtent plus de peine. Mais on peut dire qu'un de ses principaux desseins est de se cacher lui-même, et de rendre sa conduite inconnue à ceux qui ne méritent pas de la connoître.

S'il agissoit toujours d'une manière miraculeuse, on seroit comme forcé de le reconnoître en tout, et cette évidence ne seroit conforme ni à sa justice ni à sa miséricorde. Il est de sa justice de laisser les méchants en des ténèbres qui les portent à douter de sa providence et de son être ; et il est de sa miséricorde de tenir ses élus à couvert de la vanité par cette obscurité salutaire.

La vie de la foi, qui est la vie des justes en ce monde, consistant donc à servir Dieu sans le voir d'une manière sensible, il est clair que des miracles continuels détruiroient entièrement cet état. Ainsi étant nécessaire d'une part que Dieu agisse, et de l'autre que nous ne connoissions pas sensiblement son action, il falloit qu'il se cachât sous de certains moyens qui parussent comme naturels, et qui étant toujours exposés aux yeux des hommes n'excitassent plus leur admiration ; afin qu'il n'y fût découvert que par ceux à qui il ouvroit les yeux de l'âme par une lumière qu'il donne à qui il lui plaît.

Mais s'il étoit nécessaire que Dieu se couvrît de cette sorte dans l'ordre de la nature, et dans les effets extérieurs qu'il produit sur les corps, il ne l'étoit pas moins qu'il se cachât dans ses opérations intérieures sur les âmes ; parce que l'évidence de l'opération divine dans ces sortes d'actions ne tireroit pas moins les âmes de l'état de foi, par lequel il veut qu'elles opèrent leur salut en cette vie. Et c'est pourquoi il ne donne ordinairement ses plus grandes grâces que par une suite de moyens qui paroissent tout humains et tout ordinaires, et qui semblent humainement proportionnés à la fin à laquelle on les destine.

Il veut que nous désirions les vertus ; que nous travaillions à les acquérir ; que nous cherchions les occasions de les pratiquer ; que nous nous séparions des choses qui nous peuvent porter au péché. C'est lui qui nous inspire ce désir, qui opère en nous ce travail, qui nous fait retrancher ces empêchements. Il lui seroit facile de nous donner les vertus sans toute cette suite de moyens ; mais en nous les donnant dans cet ordre, et par ces moyens, il se cache à nous, et nous conserve dans l'humilité.

Il pourroit de même nous avertir à chaque moment de ce que nous avons à faire ; mais s'il le faisoit de cette sorte, ce seroit une conduite visiblement miraculeuse. Il veut donc que nous prévoyions nos actions et nos paroles, que nous les considérions devant lui, afin de les régler selon ses lois, et que nous employions tout le soin qui nous est possible pour reconnoître ce qu'il veut de nous en chaque rencontre. Il est lui-même l'auteur de ces préparations, de cette recherche, de ce soin ; et il s'en sert comme d'un moyen ordinaire pour nous communiquer la sagesse dont nous avons besoin pour notre conduite.

Il est vrai que Jésus-Christ a dit à ses disciples, qu'ils ne devoient pas se mettre en peine de ce qu'ils diroient aux rois et aux princes lorsqu'ils les forceroient de paroître devant eux, parce qu'il leur seroit donné à l'heure même ce qu'ils leur devroient répondre[1]. Mais le dessein de Jésus-Christ dans cet avertissement étoit seulement d'exclure les prévoyances et les réflexions de défiance et d'amour-propre : et il vouloit plutôt les

[1] Matth. 10. 19.

disposer à ne se pas étonner quand on les obligeroit de parler aux rois sans y être préparés, que de leur défendre de s'y préparer [1]. De même que quand Jésus-Christ défend à ses disciples de se mettre en peine du vivre et du vêtement, il ne leur interdit pas, selon les Pères, les soins et les précautions raisonnables, et il ne les oblige pas à attendre que Dieu leur procure l'un et l'autre par des voies extraordinaires; mais il leur commande seulement de bannir de leur cœur les inquiétudes et les défiances, qui sont injurieuses à sa providence et à sa bonté, et qui les empêchent de chercher le royaume de Dieu avant toutes choses.

Il y a souvent ainsi des contrariétés apparentes dans les vérités chrétiennes, quand on ne les regarde que d'une vue

---

[1] Matth. 9. 25 et suiv.

superficielle, qui disparoissent et s'évanouissent quand on les pénètre jusque dans le fond.

On pourroit croire, par exemple, à ne suivre que la première lueur qui naît d'une connoissance imparfaite de la vérité, que la vie chrétienne étant une vie surnaturelle, et qui surpasse la force de tous les hommes, on ne doit pas plutôt choisir un genre de vie qu'un autre, ni se mettre en peine d'éviter les occasions du péché. On peut tout avec Dieu, dirat-on, et l'on ne peut rien sans Dieu. Ainsi avec l'aide de Dieu je puis demeurer inébranlable dans les plus dangereuses occasions, et sans cette aide je ne puis me soutenir dans la retraite la plus assurée.

Mais ceux qui parlent de cette sorte ne comprennent pas le secret de la conduite de la grâce. Il est vrai que Dieu est capable de nous soutenir dans les plus grands périls ; et il le fait quelquefois quand c'est lui-même qui nous y engage : mais il ne donne pas ordinairement sa grâce d'une manière si éclatante. Ainsi pour nous faire résister aux tentations, il nous inspire le soin de les éviter. C'en est le moyen ordinaire ; et quiconque le néglige n'a pas droit de prétendre que Dieu le soutienne d'une autre manière.

Si l'on étoit ordinairement aussi recueilli dans l'agitation que dans le repos, si l'on ne succomboit pas plus souvent aux tentations en vivant dans les occasions du péché qu'en les évitant ; si l'on ne contractoit pas plus de taches dans le commerce du monde que dans la retraite ; si les grands emplois ne portoient pas plus à la vanité que les occupations basses et humiliantes, ce seroit sans doute une espèce de miracle visible. Dieu en fait de cette sorte quand il lui plaît, pour quelques âmes choisies. Mais comme il ne veut pas que sa conduite sur nous paroisse si visiblement miraculeuse, il ne les fait pas souvent, et il nous oblige par là à nous réduire à la voie ordinaire, et à préférer, autant que nous le pouvons, le repos à l'agitation ; la retraite au commerce du monde ; les emplois humiliants aux emplois relevés ; et enfin la fuite des occasions à la confiance qui porte à s'y exposer. Ce n'est pas qu'il ne soit aussi facile à Dieu de nous sauver en une manière qu'en une autre ; mais il nous a appris qu'il nous sauve ordinairement de cette seconde manière, parce qu'il y est plus caché et moins reconnoissable : et par là il nous oblige à nous y réduire.

CHAPITRE IV.

QUE TOUTES LES RÈGLES QUE LES PÈRES DONNENT POUR LA VIE SPIRITUELLE SONT ÉTABLIES SUR CE PRINCIPE : QUE DIEU CACHE SES OPÉRATIONS SURNATURELLES SOUS L'APPARENCE D'UN ORDRE TOUT NATUREL.

C'est sur cet ordre de la grâce et sur cette suite de moyens, sous lesquels Dieu cache ses opérations surnaturelles, que sont établies toutes les règles et tous les avis spirituels que les saints inspirés de Dieu ont donnés à ceux qu'ils ont conduits dans ses voies.

Ces grands saints n'ignoroient pas que c'est de lui qu'il faut attendre toutes les vertus, et qu'il est la cause de toutes les bonnes actions des chrétiens. Ils étoient persuadés qu'il est le maître des cœurs, et qu'il opère en eux tout ce qu'il veut par une force invincible et toute-puissante. Cependant ils nous prescrivent des règles et des pratiques comme pourroient faire des philosophes qui prétendroient acquérir la vertu par leurs propres forces. Ils veulent que nous tenions toujours notre esprit occupé de saintes pensées, que nous nous appliquions sans cesse à la lecture et à la méditation de la parole de Dieu, que nous vivions dans l'éloignement du monde; que nous réduisions notre corps en servitude par le travail et la mortification; que nous évitions tout ce qui nous peut affoiblir, et tout ce qui nous peut être une occasion de chute; que nous fassions un effort continuel pour résister à nos passions; que nous menions une vie uniforme, réglée, occupée, en passant par la suite d'actions que l'on nous aura prescrites, comme étant les plus conformes à notre état et à nos devoirs. Ce n'est pas qu'ils ne sussent parfaitement que Dieu nous peut donner ses plus grandes grâces sans nous faire passer par ces exercices; mais ils savoient en même temps que l'ordre commun de la Providence est de ne nous les accorder qu'ensuite de ces exercices, et par ces exercices mêmes : qu'ainsi il fait premièrement aux âmes la grâce de les pratiquer, pour leur faire ensuite celle de parvenir aux vertus où il désire de les élever, étant aussi bien l'auteur des actions qu'il leur fait faire pour acquérir les vertus, que des vertus qu'elles acquièrent par ces actions.

Ils n'ont pas ignoré non plus qu'il n'y avoit rien de plus facile à Dieu que de nous faire connoître nos fautes de temps en temps, par l'infusion d'une lumière qui nous les remît tout d'un coup devant les yeux ; qu'il pourroit même nous en corriger en nous donnant les vertus opposées, sans que nous fussions obligés de nous affliger continuellement de la vue de nos misères, mais comme ils connoissent les voies dont Dieu se sert ordinairement pour purifier les âmes, ils n'ont pas laissé de nous recommander cet examen et cette vigilance sur nous-mêmes, comme un des principaux devoirs de la piété, qui ne doit finir qu'avec notre vie. *Mes frères*, dit saint Augustin, *en attendant la venue de ce jour heureux, où nous serons joints aux anges du ciel pour louer Dieu dans toute l'éternité ; en attendant que nous soyons parvenus à cette joie ineffable que nous espérons, appliquons-nous, autant que nous le pourrons, à la pratique des bonnes œuvres ; examinons tous les jours notre conscience, et regardons avec soin s'il n'y a rien de rompu et de déchiré dans la robe spirituelle de notre âme, si nous n'y avons point fait quelques taches par notre intempérance, si nous ne l'avons point brûlée par la colère, ni divisée par l'envie, si nous n'en avons point terni l'éclat par l'avarice.* Hâtons-nous de guérir les blessures de nos âmes pendant qu'il est encore en notre pouvoir de le faire avec l'aide de la grâce.

Le grand saint Grégoire, que Dieu a donné particulièrement à son Église pour l'instruire des règles de la vie spirituelle, ne recommande rien tant aussi dans ses Morales que cette vigilance sur soi-même et cet examen de ses bonnes et de ses mauvaises actions. *Il faut*, dit-il[1], *purifier les actions*

---

[1] Gregor. Moral. lib. I. 17 et 18. nov. edit. 34. et 15. n. 47 et 48.

mêmes de vertu par une discussion exacte, de peur de prendre pour bon ce qui est mauvais, et pour un bien parfait ce qui est imparfait et défectueux. C'est ce qui nous est marqué par l'holocauste que Job offroit pour chacun de ses enfants. Car c'est offrir à Dieu un holocauste pour chacun de ses enfants que de lui offrir des prières pour chaque action de vertu, de peur que la sagesse ne s'élève, que l'intelligence ne s'égare, que la prudence ne s'embarrasse et ne se confonde, que la force ne dégénère en présomption. Et parce que l'holocauste est un sacrifice qui se consume tout entier, il est nécessaire que notre âme soit embrasée par le feu de la componction, et qu'elle consume dans ce feu tout ce qu'il y a d'impur dans ses pensées. Mais nul n'est capable de le faire, s'il n'a soin d'examiner tous ses mouvements intérieurs *avant qu'ils passent jusques aux actions. Il faut, dit encore ce saint* [1], *broyer les parfums, c'est-à-dire considérer en détail tout ce qui se passe dans notre âme, et le réduire comme en poussière par cet examen. Il faut ôter la peau de la victime, et la couper en morceaux, c'est-à-dire qu'il faut ôter à nos actions cette surface extérieure qui nous les fait paroître vertueuses, pour les regarder jusque dans le fond.*

Cette instruction est si souvent répétée dans les ouvrages de saint Grégoire, que l'on peut dire que c'est un des principaux fondements de sa conduite spirituelle. Et bien loin qu'il exempte les plus avancés de cette pratique, il met au contraire leur avancement dans l'accroissement de cette vigilance et de cette attention sur eux-mêmes.

---

[1] Greg. Moral. l. I. 19. nov. ed. 36. n. 54.

Enfin, saint Bernard a fait quatre livres exprès pour porter les âmes à cet exercice, d'examiner devant Dieu leurs actions et leur conduite, et il en fait tellement le principal devoir de la vie chrétienne, que, pour représenter en un mot l'idée qu'il avoit de la véritable piété, il dit que c'est s'appliquer à la considération de soi-même : *Quid est pietas? vacare considerationi*, et que cette considération consiste à prévoir ses actions, à les régler devant Dieu, à corriger ses défauts, et à penser à ses devoirs. Et il est remarquable que ce saint ne donne pas ces instructions à un novice, mais à un grand pape, qu'il devoit supposer être dans l'état de perfection, ayant été élevé à cette première dignité de l'Église à cause de ses vertus éminentes.

Lorsque les philosophes, qui supposoient que la vertu n'a point d'autre source que la nature, prescrivoient des règles pour l'acquérir, ils n'en prescrivoient point d'autres que celles-là. Ils nous recommandent, comme ces saints, cet examen et cette vigilance continuelle sur nos actions, comme on le peut voir dans les vers attribués à Pythagore, et dans plusieurs endroits de Sénèque. Est-ce donc que saint Augustin, saint Grégoire et saint Bernard ne savoient pas que la vertu est un pur effet de la miséricorde de Dieu, et non pas de nos efforts et de nos réflexions? Ils le savoient sans doute, puisqu'ils l'enseignoient en tant d'endroits de leurs livres. Mais ils savoient aussi que Dieu ne la donne ordinairement aux hommes que par la pratique de certains moyens et de certains exercices auxquels il les applique par sa grâce; qu'ainsi le principal soin de ceux qui conduisent les âmes est de les mettre dans la pratique de ces moyens par lesquels on obtient les grâces de Dieu, et que c'est le tenter que d'agir autrement et de vouloir qu'il nous les accorde par une autre voie que celle que sa sagesse a choisie, et qu'il nous a fait connoître par l'exemple de tous les saints.

Pourquoi croit-on de même que les Pères aient témoigné tant de défiance du salut de ceux qui ne pensent à se convertir que lorsqu'ils sont près de mourir? Est-ce qu'il n'est pas aussi facile à Dieu de toucher les pécheurs par sa grâce à la dernière heure qu'en tout autre temps : ou que celui de la mort soit exclu de la promesse générale que Dieu a faite aux hommes de les recevoir en sa grâce s'ils se convertissent sincèrement? Ce n'est sans doute rien de tout cela. Dieu est toujours également puissant, et le sein de sa miséricorde est toujours également ouvert aux pécheurs convertis. Mais c'est que les Pères ont cru que ces conversions n'étoient pas ordinairement sincères, et qu'elles étoient plutôt un effet de l'état où ils se trouvent que du changement de leur cœur. Et la raison en est que, dans la voie commune, le cœur ne change point ainsi tout d'un coup d'objet et de fin. On peut bien changer en un moment d'actions extérieures, mais l'amour, qui tient la principale place dans le cœur, ne change guère en un moment. Il faut pour l'ordinaire qu'il s'affoiblisse peu à peu, et qu'il y en ait un autre qui prenne sa place par divers progrès. C'est ainsi que les passions humaines se changent; et Dieu, qui veut que les opérations de sa grâce ne se distinguent pas sensiblement de celles de la nature, suit ordinairement le même ordre. Il commence à ébranler le cœur par la crainte, avant que de le toucher par son amour; et souvent il le touche longtemps par des commencements d'amour avant que de s'en rendre maître par un amour dominant, qui tourne le cœur vers lui comme vers sa dernière fin, et qui délivre de la servitude de l'amour des créatures. Ainsi, comme la conversion des pécheurs mourants ne sauroit passer par ces degrés, il faudroit qu'elle fût miraculeuse pour être vraie. L'Église ne désespère pas de ce miracle, et c'est ce qui la porte à accorder les sacrements aux mourants : mais elle craint aussi beaucoup que ces sentiments, qui paroissent dans les pécheurs qui sont en cet état, ne soient que de ces légers commencements ou de crainte ou d'amour de Dieu, qui ne suffisent pas pour une véritable conversion. Et c'est ce qui oblige les pécheurs non-seulement à travailler, mais à se hâter même de travailler sérieusement à leur salut, afin que leur amour ait le temps de croître et de parvenir à un état où l'on puisse dire qu'ils sont convertis. Agir autrement, c'est tenter Dieu, et le tenter d'une manière très-dangereuse, en voulant qu'il fasse un miracle dans l'ordre de sa grâce pour nous sauver. Et ainsi tous ceux qui attendent à se convertir à Dieu, à la mort, outre leurs autres péchés, commettent encore celui de tenter Dieu, qui en fait souvent le comble.

Les richesses spirituelles sont toutes gratuites de la part de Dieu, et néanmoins il est écrit : Que la main de ceux qui travaillent fortement amasse des richesses, *Manus fortium divitias parat*[1]. Et l'Écriture attribue au contraire la pauvreté spirituelle au défaut de ce travail : *Egestatem operatu est manus re-*

---

[1] Prov. 10. 4.

missa[1] ; c'est-à-dire que la négligence et la paresse causent la pauvreté et la misère des âmes, tant Dieu a de soin de cacher les œuvres de sa grâce sous la ressemblance de celles de la nature.

Cela paroît encore plus clairement dans la prière, et c'est sans doute celle de toutes les actions chrétiennes où le besoin de la grâce paroît davantage. C'est pourquoi l'esprit de Dieu est appelé par un titre particulier, l'esprit de prières : *Spiritus precum*. Et il est dit de lui, qu'il prie pour nous avec des gémissements ineffables. Il sembleroit donc que cet exercice si divin n'auroit point besoin de préparation ni de règles, et qu'il n'y auroit qu'à attendre l'inspiration de la grâce. Et néanmoins le sage nous avertit expressément qu'il faut préparer son âme avant la prière,

[1] Prov. 10. 4. — [2] Zach. 12. 10. Rom. 8. 26.

de peur d'être comme un homme qui tente Dieu : *Ante orationem præpara animam tuam; et noli esse quasi homo qui tentat Deum*[1]. Et il fait voir ainsi que tous ceux qui prient sans préparation tombent dans le péché de tenter Dieu, et qu'une des principales causes de la tiédeur de nos prières est le peu de soin que nous avons de nous y préparer par les moyens que l'Écriture nous prescrit, qui consistent à retirer notre cœur et notre esprit de la dissipation et des mauvais amusements, afin de le trouver quand il le faut présenter à Dieu dans la prière ; parce qu'il est impossible que le cœur ne coure après son trésor, et qu'il ne s'occupe des objets dont il se trouve rempli.

C'est ainsi que la vérité allie ce qui paroît contraire à ceux qui ne la con-

---

[1] Eccli. 18. 23.

noissent qu'imparfaitement. Tout dépend de Dieu ; donc il ne faut point travailler, disoient certains hérétiques. Il faut travailler ; donc la vertu ne dépend point de la grâce, disent les pélagiens. Mais la doctrine catholique consiste à unir ces vérités et à rejeter ces fausses conclusions. Il faut travailler, dit-elle, et néanmoins tout dépend de Dieu. Le travail est un effet de la grâce, et le moyen ordinaire d'obtenir la grâce. Croire que le travail et les vertus ne sont pas des dons de Dieu, c'est une présomption pélagienne. Mépriser les moyens dont Dieu se sert ordinairement pour communiquer sa grâce aux hommes, c'est tenter Dieu en voulant renverser l'ordre de la sagesse divine. Ainsi la piété véritable consiste à pratiquer ces moyens, et à reconnoître que c'est Dieu qui nous les fait pratiquer.

CHAPITRE V.

COMMENT CETTE DOCTRINE S'ACCORDE AVEC LA NÉCESSITÉ DE LA GRACE EFFICACE. ÉCLAIRCISSEMENT DES DIFFICULTÉS QU'ON PEUT FORMER SUR CE POINT.

Je sais bien que l'esprit humain qui s'éblouit par l'éclat des vérités divines, et qui s'embarrasse dans ses vains raisonnements, peut trouver encore de la difficulté dans cette alliance du travail et de la grâce, et qu'en supposant, avec saint Augustin et saint Thomas, que quelque pouvoir que l'on ait de faire les actions de piété par d'autres grâces, on ne les fait néanmoins jamais effectivement, si Dieu n'y détermine la volonté par une grâce efficace ; il se porte aisément à conclure que nous n'avons donc qu'à demeurer en repos, jusqu'à ce que nous sentions ces mouvements efficaces qui nous les font pratiquer ; que lorsque nous les sentirons, nous ne manquerons pas de travailler, puisque la grâce nous y appliquera par une vertu toute-puissante, et que, ne les ayant pas, il est certain que nous ne les pratiquerons jamais d'une manière qui nous soit utile.

C'est une objection qui naît facilement dans l'esprit de ceux qui suivent leurs raisonnements dans ces matières qui regardent la conduite de Dieu sur les âmes. Et les Pères, qui ne l'ont pas ignorée, y ont répondu en diverses manières très-solides, en faisant voir de quelle sorte on peut dire véritablement qu'il est toujours au pouvoir des hommes de satisfaire aux devoirs de la piété chrétienne, et que c'est leur faute de ne les accomplir pas.

Mais comme ce n'est pas ici le lieu d'y répondre d'une manière théologique, il suffit de faire voir qu'elle n'a rien de solide, même selon la raison humaine ; et que le besoin que nous avons de la grâce efficace pour pratiquer les vertus chrétiennes peut bien servir à humilier les hommes, et à les tenir dans un état de crainte et de tremblement : mais qu'il ne les peut jamais justement porter ni à la paresse, ni au trouble, ni au désespoir, parce que nous avons toujours par la nature même un moyen qui suffit pour nous tenir l'esprit en repos, et pour en bannir le trouble et l'inquiétude. La raison est, qu'encore que pour travailler selon Dieu à combattre nos défauts d'une manière chrétienne, pour prier, et pour pratiquer les bonnes œuvres par l'esprit d'une véritable charité, on ait besoin d'une grâce surnaturelle et efficace, il est certain néanmoins que chacune de ces actions en particulier se peut faire quelquefois sans grâce par un mouvement d'amour-propre, de respect humain et de crainte purement servile. Or, encore qu'il y ait une différence infinie entre l'amour-propre et l'amour de Dieu, néanmoins les mouvements et les actions qui naissent de ces deux principes si différents sont quelquefois si semblables, et nous avons si peu de lumière pour pénétrer le fond de notre cœur, que nous ne distinguons point avec certitude par quel principe nous agissons, et si c'est par cupidité ou par charité. Nous pouvons bien dire avec saint Paul, que nous ne nous sentons coupables de rien; mais nous devons ajouter avec lui, que nous ne sommes pas pour cela justifiés, et que nous ne nous jugeons pas nous-mêmes, parce que nous ne nous connoissons pas parfaitement.

Nous avons donc toujours en nous un principe pour accomplir ce qu'il y a d'extérieur et de sensible dans ces exercices de la vie chrétienne. Et comme nous ne saurions savoir avec certitude, quand même nous avons la grâce efficace, si ce n'est point par un principe humain que nous agissons, nous ne savons pas aussi toujours, lorsque nous agissons par un principe d'intérêt humain, que la grâce ne soit pas le principe de notre action. Nous pouvons prendre la charité pour l'amour-propre, et l'amour-propre pour la charité ; et dans cette obscurité la raison nous oblige à prendre le parti de faire toujours ce qui est commandé, en laissant à Dieu le discernement du principe qui nous fait agir.

Ce n'est pas qu'il ne soit de notre devoir de nous purifier, autant qu'il nous est possible, de tout amour-propre et de tout intérêt ; mais ce désir ne nous assure pas que nous en soyons exempts. Car on peut désirer par amour-propre d'être délivré de l'amour-propre, comme l'on peut souhaiter l'humilité par orgueil. Il se fait un cercle infini de retours sur retours, de réflexions sur réflexions dans ces actions de l'âme, et il y a toujours en nous un certain fond, et une certaine racine qui nous demeure inconnue durant toute notre vie.

C'est l'état où Dieu veut que les hommes vivent dans ce monde. Nous sommes condamnés à ces ténèbres par sa justice, et sa miséricorde nous les rend avantageuses, quand elle fait que nous nous en servons pour être plus humbles. Et ainsi il est visible que ces ténèbres étant inévitables d'une part, et de l'autre étant utiles, ce que nous avons à faire est de demeurer en repos, et d'adorer en paix la bonté de Dieu, qui les ordonne pour notre bien, et de faire cependant de la manière la plus pure et la plus désintéressée qu'il nous est possible, ce qui nous est prescrit par ses lois, en attendant le jugement qu'il portera de nous en l'autre vie, en nous faisant connoître le fond de notre cœur, que nous ne connoîtrons jamais clairement en celle-ci. Et cela suffit pour nous procurer une paix humaine, qui ne se distingue pas sensiblement de la paix de Dieu, et qui vaut toujours mieux que l'inquiétude qui accable l'âme, et qui la réduit à la paresse et au désespoir.

Cette raison nous doit faire préférer la pratique de tous les exercices de la vie chrétienne à une vie molle, négligente et paresseuse : car il est certain que ceux qui ne les pratiquent pas ne sont pas dans la voie de Dieu, et qu'il y en aura très-peu de sauvés de ceux qui passent leur vie dans le désordre, puisqu'ils ne le peuvent être, à moins que Dieu ne les convertisse par une miséricorde extraordinaire, qui est très-rare dans l'ordre même de la grâce.

Au contraire, ceux qui pratiquent ces saints exercices sont tous en quelque sorte dans la voie de la paix ; ils sont dans la compagnie de ceux qui vont au ciel, et ils ont même cette consolation, qu'il y en a peu de ceux qui les pratiqueront pendant un long temps qui n'arrivent au salut : la persévérance dans la vie réglée étant la plus certaine marque de la charité, parce que la cupidité est inconstante d'elle-même, et ne demeure pas d'ordinaire longtemps dans la poursuite d'un même dessein.

Ainsi la connoissance du besoin de la grâce efficace pour agir chrétiennement, n'embarrasse jamais en effet ceux qui écoutent et suivent la raison ; car ils voient toujours leur chemin. Ils savent qu'il faut prier Dieu sans cesse, qu'il faut mortifier sans cesse leurs passions; qu'il faut veiller continuellement sur eux-mêmes; qu'il faut combattre jusqu'à la mort; qu'il ne faut jamais se lasser de pratiquer les bonnes œuvres, et de se régler en toutes choses. Ils savent que l'incertitude où ils sont, si c'est la grâce ou l'amour-propre qui les fait agir, ne les doit pas empêcher d'agir. Faites ces choses, dit saint Augustin, par la crainte de la peine, si vous ne le pouvez pas encore par l'amour de la justice, c'est-à-dire par la charité[1]. Ils les doivent donc toujours pratiquer. C'est ce qui est certain et indubitable; et en les pratiquant, ils ne doivent pas juger qu'ils n'agissent que par cupidité et par intérêt, puisque

---

[1] Aug. serm. 156. n. 14.

leur cœur leur est inconnu, et qu'ils ne doivent pas juger témérairement d'eux-mêmes non plus que des autres.

En un mot, il faut prier, travailler et demeurer en repos jusqu'à la mort, en s'abandonnant à Dieu, et en lui disant avec le prophète : *In manibus tuis sort. meæ*[1]. Mon *sort est entre vos mains*, pour cette vie et pour l'autre, pour le temps et pour l'éternité. En marchant de cette sorte dans la voie de Dieu avec une fidélité persévérante, si nous n'avons jamais une certitude entière que le Saint-Esprit habite en nous, et que c'est lui qui nous fait agir, nous ne laisserons pas néanmoins d'en avoir une juste confiance ; et cette confiance s'augmentant de plus en plus à mesure que nous avancerons dans la vertu ne nous laissera qu'autant de crainte qu'il

[1] Ps. 30.

est nécessaire d'en avoir pour résister à la tentation de la présomption et de l'orgueil.

CHAPITRE VI.

DIVERSES AUTRES MANIÈRES DE TENTER DIEU.

Il y a encore beaucoup d'autres manières de tenter Dieu, outre celles que nous avons rapportées. Car comme ce péché consiste à se soustraire à la sagesse de Dieu, et à le vouloir obliger d'agir contre les règles ordinaires de sa providence, soit dans l'ordre de la nature, soit dans celui de la grâce, on peut tenter Dieu en autant de façons que l'on peut se dispenser de ces règles, dans l'espérance que Dieu agira envers nous d'une manière extraordinaire.

C'est tenter Dieu, par exemple, de s'engager dans les charges de l'Église sans vocation légitime, en se flattant de l'espérance que Dieu rectifiera notre entrée, et ne laissera pas de nous accorder les grâces nécessaires au ministère auquel nous nous serons engagés témérairement ; car la voie ordinaire d'obtenir les grâces nécessaires pour des emplois est d'y entrer par la porte d'une sainte vocation ; et si Dieu répare ce défaut dans quelques-uns, en les faisant comme rentrer de nouveau dans le ministère qu'ils ont usurpé, c'est une grâce extraordinaire que personne ne sauroit se promettre sans témérité et sans tenter Dieu.

Il en est de même de tous les autres engagements dans les divers états de la vie. On tente Dieu quand on y entre sans avoir une assurance raisonnable qu'on a les dispositions nécessaires pour s'acquitter des devoirs qui y sont attachés. Un homme qui entre dans les magistratures tente Dieu, s'il ne sent en lui une force capable de résister à l'injustice, selon ce que dit l'Écriture : *Noli quærere fieri judex , nisi valeas irrumpere iniquitates*[1]. N<small>E</small> *cherchez pas de devenir juge , si vous n'avez assez de force pour rompre tous les efforts de l'iniquité.* Ceux qui s'engagent dans le mariage tentent Dieu, s'ils ne sont disposés à satisfaire aux obligations de cet état, et s'ils n'ont assez de force pour souffrir tout ce qu'il y faut souffrir, et pour se soutenir contre les tentations qui naissent, ou de cet état en général, ou du choix particulier qu'ils font de la personne avec laquelle ils s'unissent. Ceux qui embrassent la vie religieuse tentent Dieu, s'ils n'ont les

---

[1] Eccli. 7. 7.

qualités nécessaires pour persévérer dans cette sainte vocation, et pour en souffrir les peines et les travaux. Et c'est pourquoi ceux qui en excluent les personnes qui n'ont pas ces qualités, bien loin de leur faire tort, leur font au contraire la plus grande charité qu'on leur puisse faire, puisqu'ils les empêchent de contracter un engagement dont les suites ne pourroient être heureuses. Enfin, quelque entreprise que l'on forme, quelque dessein de vie que l'on prenne, quelque état que l'on embrasse, il faut toujours, selon l'Évangile [1], avoir supputé les frais, c'est-à-dire avoir examiné ce que Dieu nous a donné de force et de bonne volonté, pour juger par là si nous ne serons point téméraires en nous y engageant.

Si l'on fait réflexion sur la conduite

---

[1] Luc. 14. 28.

des hommes dans le choix de l'emploi et de l'état auquel ils passent leur vie, on trouvera non-seulement qu'il n'y a rien de plus commun que cette manière de tenter Dieu, mais que c'est la source la plus ordinaire des déréglements qui règnent dans tous les états et dans toutes les conditions. Car il est visible qu'on ne les choisit point par la vue du rapport et de la proportion qu'elles ont avec les dispositions que Dieu a mises en nous, mais par certaines lois d'opinion que la vanité des hommes a établies dans le monde, selon lesquelles on croit que, parce qu'on est de telle ou telle naissance et que l'on a une certaine quantité de biens de fortune, on ne peut embrasser que certains genres de vie, et que tous les autres ne sont pas pour nous. Ainsi il y en a qui s'imaginent qu'il n'y a point d'autre parti à prendre pour eux que celui de l'épée, ou de la profession ecclésiastique ; d'autres sont persuadés qu'ils ne sauroient demeurer dans le monde sans être magistrats. Il faut que cette fille soit religieuse, parce qu'elle ne peut pas être mariée selon sa condition. On se réduit ainsi à l'étroit par ces lois chimériques : et comme Dieu ne les suit pas dans la distribution de ses grâces et de ses talents, il arrive de là qu'on s'interdit par fantaisie tous les emplois que Dieu nous permet, et que l'on ne se porte qu'à ceux qu'il nous interdit. On s'y engage donc témérairement, et l'on y demeure de même. On tente Dieu continuellement par l'exercice de ces emplois mal choisis, et au lieu d'attirer sa grâce et son secours, on attire sans cesse les effets de sa colère et de son abandonnement. L'on peut juger quelles peuvent être les suites de cette conduite.

Il faut remarquer encore sur ce sujet,

que quoique les hommes dans cette vie soient toujours dans un besoin continuel de la grâce, ils ne sont pas néanmoins dans un égal degré de foiblesse ni de force, et que la différente mesure avec laquelle Dieu leur distribue ses grâces fait que, selon le langage de l'Écriture et des Pères, on peut dire qu'il y a des œuvres et des emplois qui sont proportionnés à la grâce de certaines âmes, et qui ne le sont pas à celles des autres. Il y en a qui se perdroient en voulant imiter certaines actions des saints, parce qu'ils n'ont pas la force de les soutenir comme ces saints. Il faut donc que chacun connoisse la mesure de ce qu'il a reçu de Dieu; et s'il n'en sauroit juger par lui-même, qu'il en juge au moins par la lumière des personnes éclairées. Autrement, en s'avançant au delà des dons de Dieu, on le tente, et on se met en danger de faire de grandes fautes par ces avances téméraires.

On commet la même faute en voulant discerner par sa propre lumière ce que l'on devroit discerner par celle d'autrui. Car Dieu ayant voulu, pour lier les hommes entre eux par les devoirs réciproques de la charité, les rendre dépendants les uns des autres, aussi bien à l'égard de la vie spirituelle que de la vie temporelle ; et leur communiquant pour cela plus ordinairement les lumières dont ils ont besoin pour se conduire, par l'entremise des pasteurs et des personnes spirituelles qu'ils consultent que par lui-même, il s'ensuit de là que c'est aussi tenter Dieu en quelque sorte, de refuser de se soumettre à cet ordre, en ne prenant conseil de personne, et en ne suivant dans la conduite de sa vie que ses propres pensées et ses propres raisonnements, parce que c'est vouloir obliger Dieu à nous communiquer ses lumières d'une manière extraordinaire.

On peut dire aussi que tout péché mortel, que l'on commet dans l'espérance de s'en relever par la pénitence, est une manière de tenter Dieu. Car la voie ordinaire du salut, soit pour ceux qui n'ont point encore perdu l'innocence du baptême, soit pour ceux qui l'ont réparée par la pénitence, est de conserver la grâce qu'ils ont reçue, et de travailler à l'augmenter tous les jours par l'exercice des vertus chrétiennes. Prétendre donc que Dieu nous fera rentrer dans la voie du salut, quoique nous en sortions par des crimes, c'est se soustraire à sa conduite ordinaire, et le vouloir obliger à faire dans l'ordre de la grâce des miracles en notre faveur.

Enfin les justes mêmes et les personnes réglées ne laissent pas de tenter Dieu en bien des manières, et souvent sans qu'ils s'en aperçoivent. Car l'Évangile nous apprenant que le moyen d'obtenir les grâces qui nous sont nécessaires, soit pour nous acquitter de nos devoirs, soit pour entrer saintement dans les moindres engagements, et pour former les plus petits desseins, c'est de le consulter sur tout, et de le prier continuellement ; toutes les fois qu'ils négligent de pratiquer ces moyens, et qu'ils s'engagent dans de petites entreprises, dans des visites, dans des conversations, dans des œuvres de piété, sans s'adresser à Dieu, sans jeter un regard vers lui, sans le consulter, sans le prier, on peut dire en quelque sorte qu'ils le tentent. Et comme toutes les fautes que l'on commet dans la vie viennent de ce que l'on manque à la pratique des moyens de les éviter, il est clair que l'on ne pèche que parce que l'on tente Dieu ; et qu'ainsi ce péché, que l'on croit si rare, et auquel on pense si peu, est la cause de toutes les chutes des justes et de la perte de tous ceux qui périssent,

DES MOYENS

DE CONSERVER LA PAIX

AVEC LES HOMMES.

PREMIÈRE PARTIE.

Recherchez la paix de la ville en laquelle je vous ai transférés, et priez le Seigneur pour elle, parce que votre paix se trouve dans la sienne. (Jer.)

CHAPITRE PREMIER.

HOMMES CITOYENS DE PLUSIEURS VILLES. ILS DOIVENT PROCURER LA PAIX DE TOUTES, ET S'APPLIQUER EN PARTICULIER A VIVRE EN PAIX DANS LA SOCIÉTÉ OÙ ILS PASSENT LEUR VIE, ET DONT ILS FONT PARTIE.

Toutes les sociétés dont nous faisons partie; toutes les choses avec lesquelles nous avons quelque liaison et quelque commerce, sur lesquelles nous agissons, et qui agissent sur nous, et dont le different état est capable d'altérer la disposition de notre âme, sont les villes où nous passons le temps de notre pèlerinage, parce que notre âme s'y occupe et s'y repose.

Ainsi le monde entier est notre ville, parce qu'en qualité d'habitants du monde, nous avons liaison avec tous les hommes, et que nous en recevons même tantôt de l'utilité et tantôt du dommage. Les Hollandois ont commerce avec ceux du Japon. Nous en avons avec les Hollandois. Nous en avons donc avec ces peuples qui sont aux extrémités du monde, parce que les avantages que les Hollandois en tirent leur donnent le moyen, ou de nous servir, ou de nous nuire. On en peut dire autant de tous les autres peuples. Ils tiennent tous à nous par quelque endroit, et ils entrent tous dans la chaîne qui lie tous les hommes entre eux par les besoins réciproques qu'ils ont les uns des autres.

Mais nous sommes encore plus particulièrement citoyens du royaume où nous sommes nés et où nous vivons : de la ville où nous habitons : de la société dont nous faisons partie, et enfin, nous nous pouvons dire en quelque sorte citoyens de nous-mêmes et de notre propre cœur. Car nos diverses passions et nos diverses pensées tiennent lieu d'un peuple, avec qui nous avons à vivre : et souvent il est plus facile de vivre avec tout le monde extérieur, qu'avec ce peuple intérieur que nous portons en nous-mêmes.

L'Écriture qui nous oblige de chercher la paix de la ville où Dieu nous fait habiter, l'entend également de toutes ces différentes villes ; c'est-à-dire qu'elle nous oblige de chercher et de désirer la paix et la tranquillité du monde entier : de notre royaume, de notre ville, de notre société, et de nous-mêmes. Mais comme nous avons plus de pouvoir de la procurer à quelques-unes de ces villes qu'aux autres, il faut aussi que nous y travaillions diversement.

Car il n'y a guère de gens qui soient en état de procurer la paix, ni au monde, ni à des royaumes, ni à des villes, autrement que par leurs prières. Ainsi notre devoir à cet égard se réduit à la demander sincèrement à Dieu, et à croire que nous y sommes obligés. Et nous le sommes en effet, puisque les troubles extérieurs qui divisent les royaumes, viennent souvent du peu de soin que ceux qui en font partie ont de demander la paix à Dieu, et de leur peu de reconnoissance lorsque Dieu la leur a accordée. Les guerres temporelles ont de si étranges suites, et des effets si funestes pour les âmes mêmes, qu'on ne sauroit trop les appréhender. C'est pourquoi saint Paul, en recommandant de prier pour les rois du monde, marque expressément, comme un principe de cette obligation, le besoin que nous avons pour nous-mêmes de la tranquillité extérieure : *Ut quietam et tranquillam vitam agamus*[1].

On se procure la paix à soi-même en réglant ses pensées et ses passions ; et par cette paix intérieure, on contribue beaucoup à la paix de la société dans laquelle on vit, parce qu'il n'y a guère que les passions qui la troublent. Mais comme cette paix avec ceux qui nous sont unis par des liens plus étroits et par un commerce plus fréquent est d'une extrême importance pour entretenir la tranquillité dans nous-mêmes,

---

[1] I. Tim. 2. v. 1 et 2.

et qu'il n'y a rien de plus capable de la troubler que la division opposée à cette paix, c'est de celle-là principalement qu'il faut entendre cette instruction du prophète : *Quærite pacem civitatis ad quam transmigrare vos feci.* Cherchez la paix de la ville qui est le lieu de votre exil.

CHAPITRE II.

UNION DE LA RAISON ET DE LA RELIGION A NOUS INSPIRER LE SOIN DE LA PAIX.

Les hommes ne se conduisent d'ordinaire dans leur vie ni par la foi ni par la raison. Ils suivent témérairement les impressions des objets présents, ou les opinions communément établies parmi ceux avec qui ils vivent. Et il y en a peu qui s'appliquent avec quelque soin à considérer ce qui leur est véritablement utile pour passer heureusement cette vie, ou selon Dieu, ou selon le monde. S'ils y faisoient réflexion, ils verroient que la foi et la raison sont d'accord sur la plupart des devoirs et des actions des hommes, que les choses dont la religion nous éloigne sont souvent aussi contraires au repos de cette vie qu'au bonheur de l'autre, et que la plupart de celles où elle nous porte contribuent plus au bonheur temporel que tout ce que notre ambition et notre vanité nous font rechercher avec tant d'ardeur.

Or cet accord de la raison et de la foi ne paroît nulle part si bien que dans le devoir de conserver la paix avec ceux qui nous sont unis, et d'éviter toutes les occasions et tous les sujets qui sont capables de la troubler. Et si la religion nous prescrit ce devoir comme un des plus essentiels à la piété chrétienne, la raison nous y porte aussi comme à un des plus importants pour notre propre intérêt.

Car on ne sauroit considérer avec quelque attention la source de la plupart des inquiétudes et des traverses qui nous arrivent ou que nous voyons arriver aux autres, qu'on ne reconnoisse qu'elles viennent ordinairement de ce qu'on ne se ménage pas assez les uns les autres. Et si nous voulons nous faire justice, nous trouverons qu'il est rare qu'on médise de nous sans sujet, et que l'on prenne plaisir à nous nuire et à nous choquer de gaieté de cœur. Nous y contribuons toujours quelque chose. S'il n'y en a pas de causes prochaines, il y en a d'éloignées. Et nous tombons sans y penser dans une infinité de petites fautes, à l'égard de ceux avec qui nous vivons, qui les disposent à prendre en mauvaise part ce qu'ils souffriroient sans peine, s'ils n'avoient déjà un commencement d'aigreur dans l'esprit. Enfin il est presque toujours vrai que si l'on ne nous aime pas, c'est que nous ne savons pas nous faire aimer.

Nous contribuons donc nous-mêmes à ces inquiétudes, à ces traverses et à ces troubles que les autres nous causent; et comme c'est en partie ce qui nous rend malheureux, rien ne nous est plus important même selon le monde, que de nous appliquer à les éviter. Et la science qui nous apprend à le faire nous est mille fois plus utile que toutes celles que les hommes apprennent avec tant de soin et tant de temps. C'est pourquoi il y a lieu de déplorer le mauvais choix que les hommes font dans l'étude des arts, des exercices et des sciences.

Ils s'appliquent avec soin à connoître la matière, et à trouver les moyens de la faire servir à leurs besoins. Ils apprennent l'art de dompter les animaux, et de les employer à l'usage de la vie ; et ils ne pensent pas seulement à celui de se rendre les hommes utiles, et d'empêcher qu'ils ne les troublent et ne rendent leur vie malheureuse, quoique les hommes contribuent infiniment plus à leur bonheur ou à leur malheur que tout le reste des créatures.

C'est ce que la raison nous dicte touchant ce devoir. Mais si l'on en consulte la religion et la foi, elles nous y engagent encore tout autrement par l'autorité de leurs préceptes et par les raisons divines qu'elles nous en apportent. Jésus-Christ a tellement aimé la paix, qu'il en fait deux des huit béatitudes qu'il nous propose dans l'Évangile. *Heureux*, dit-il, *ceux qui sont doux, parce qu'ils posséderont la terre*[1], ce qui comprend la tranquillité de cette vie et le repos de l'autre. *Heureux*, dit-il encore, *ceux qui sont pacifiques, parce qu'ils auront le nom d'enfants de Dieu*[2], qui est la plus haute qualité dont les hommes soient capables, et qui n'est due par conséquent qu'à la plus grande des vertus. Saint Paul fait une loi expresse touchant la paix, en commandant de la garder autant qu'il est possible avec tous les hommes. *Si fieri potest, cum omnibus hominibus pacem habentes*[3]. Il nous défend les contentions, et nous ordonne la patience et la douceur envers tout le monde : *Servum Domini non oportet litigare, sed mansuetum esse ad omnes*[4]. Et enfin il nous déclare que l'es-

---

[1] Matth. 5. 4. — [2] Ibid. 9. — [3] Rom. 18. 18. — [4] 2. Tim. 2. 24.

prit de contention n'est point celui de l'Église. *Si quis videtur contentiosus esse, nos talem consuetudinem non habemus, neque Ecclesia Dei*[1].

Il n'y a guère d'avertissement plus fréquent dans les livres du sage que ceux qui tendent à nous régler dans le commerce que nous avons avec le prochain, et à nous faire éviter ce qui peut exciter des divisions et des querelles. C'est dans cette vue qu'il nous dit que la douceur dans les paroles multiplie les amis et adoucit les ennemis : *Verbum dulce multiplicat amicos et mitigat inimicos*[2], et que les gens de bien sont pleins de douceur et de complaisance : *Et lingua eucharis in bono homine abundat*[3].

Il dit à un autre endroit que les réponses douces apaisent la colère, et que celles qui sont aigres excitent la

---

[1] 1. Cor. 11. 16. — [2] Eccli. 6. 5. — [3] Ibid.

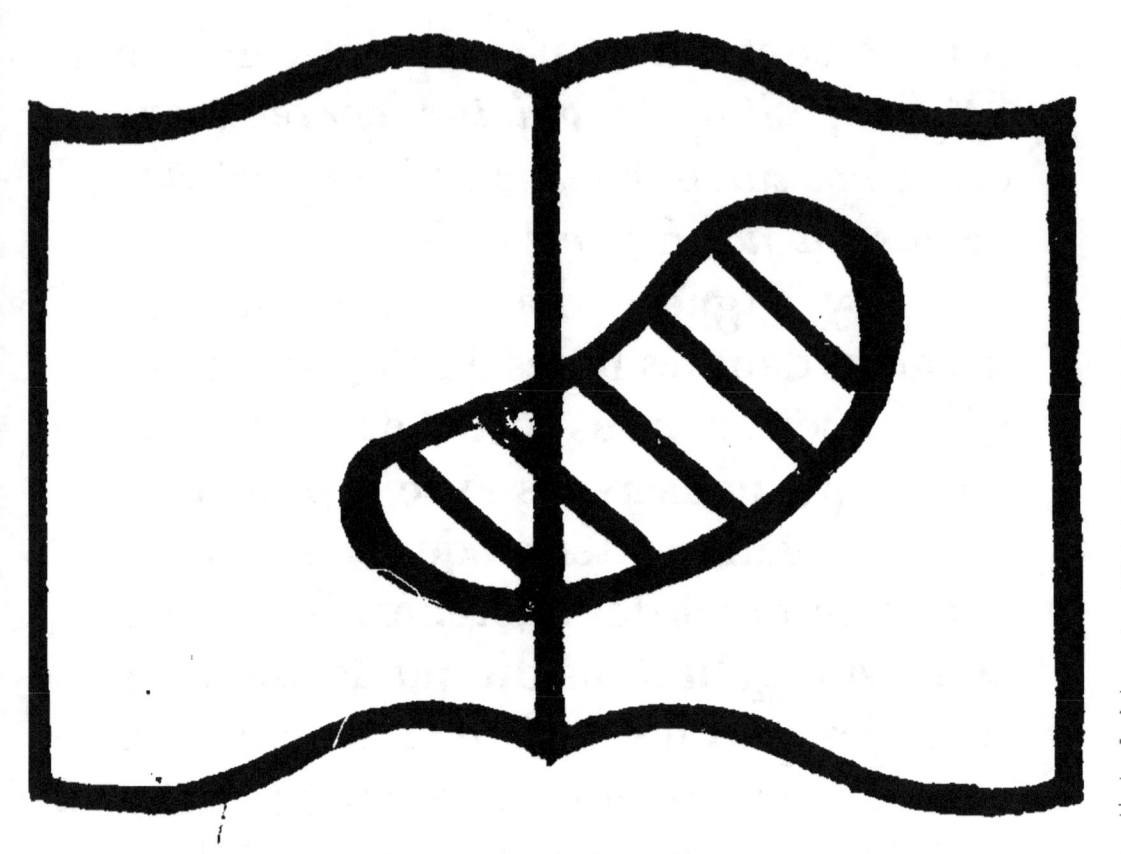

Illisibilité partielle

fureur : *Responsio* [...] *sermo durus suscitat* [...] que le sage se fait aimer par [...] *Sapiens in verbis seipsum am*[...] *facit*².

Enfin il relève tellement cette vertu, qu'il l'appelle l'arbre de vie, parce qu'elle nous procure le repos et dans cette vie et dans l'autre : *Lingua placabilis lignum vitæ*³.

Il a bien voulu même nous apprendre que l'avantage que cette vertu nous apporte en nous faisant aimer est préférable à ceux que les hommes désirent le plus, qui sont l'honneur et la gloire, car c'est un des sens de ces paroles :

*Fili, in mansuetudine opera tua perfice, et super hominum gloriam diligeris*⁴. Mon *fils, accomplissez vos œu-*

---

¹ Prov. 15. 1. — ² Eccli. 20. 13. — ³ Prov. 15. 4. — ⁴ Eccli. 3. 19.

...t vous vous attirerez
... l'estime, mais aussi
...s hommes.

...sage y compare les deux choses
que les hommes recherchent principalement des autres hommes, qui sont l'amour et la gloire. La gloire vient de l'idée de l'excellence ; l'amour, de l'idée de la bonté, et cette bonté se témoigne par la douceur. Or il nous apprend dans cette comparaison, que quoique l'estime des hommes flatte plus notre vanité, il vaut mieux néanmoins en être aimé. Car l'estime ne nous donne entrée que dans leur esprit, au lieu que l'amour nous ouvre leur cœur. L'estime est souvent accompagnée de jalousie, mais l'amour éteint toutes les malignes passions : et ce sont celles-là qui troublent notre repos.

CHAPITRE III.

RAISON DES DEVOIRS DE GARDER LA PAIX AVEC CEUX AVEC QUI ON VIT.

On peut tirer de l'Écriture une infinité de raisons pour nous exciter à conserver la paix avec les hommes par tous les moyens qui nous sont possibles.

1. Il n'y a rien de si conforme à l'esprit de la loi nouvelle que la pratique de ce devoir : et l'on peut dire qu'elle nous y porte par son essence même. Car au lieu que la cupidité, qui est la loi de la chair, désunissant l'homme d'avec Dieu, elle le désunit d'avec lui-même, par le soulèvement des passions contre la raison, et d'avec tous les autres hommes en l'en rendant ennemi,

et le portant à tâcher de s'en rendre le tyran. Le propre au contraire de la charité, qui est cette loi nouvelle que Jésus-Christ est venu apporter au monde, c'est de réparer toutes les désunions que le péché a produites ; de réconcilier l'homme avec Dieu, en l'assujettissant à ses lois ; de le réconcilier avec lui-même, en assujettissant ses passions à la raison ; et enfin de le réconcilier avec tous les hommes, en lui ôtant le désir de les dominer.

Or, un des principaux effets de cette charité à l'égard des hommes est de nous appliquer à conserver la paix avec eux, puisqu'il est impossible qu'elle soit vive et sincère dans le cœur sans y produire cette application. On craint naturellement de blesser ceux que l'on aime. Et cet amour nous faisant regarder toutes les fautes que nous commettons contre les autres comme grandes et importantes, et toutes celles qu'ils commettent contre nous, comme petites et légères, il éteint par là la plus ordinaire source des querelles, qui ne naissent le plus souvent que de ces fausses idées qui grossissent à notre vue tout ce qui nous touche en particulier, et qui amoindrissent tout ce qui touche les autres.

2. Il est impossible d'aimer les hommes sans désirer de les servir ; et il est impossible de les servir sans être bien avec eux ; de sorte que le même devoir qui nous charge des autres hommes, selon l'Écriture [1], pour les servir en toutes les manières dont nous sommes capables, nous oblige aussi de nous entretenir en paix avec eux, parce que la paix est la porte du cœur, et que l'aversion nous le ferme et nous le rend entièrement inaccessible.

[1] Galat. 6. 2.

3. Il est vrai que l'on n'est pas toujours en état de servir les autres par des discours d'édification ; mais il y a bien d'autres manières de les servir. On le peut faire par le silence, par des exemples de modestie, de patience et de toutes les autres vertus : et c'est la paix et l'union qui leur ouvre le cœur pour les en faire profiter.

Or la charité, non-seulement embrasse tous les hommes, mais elle les embrasse en tout temps. Ainsi nous devons avoir la paix avec tous les hommes, et en tout temps ; car il n'y en a point où nous ne devions les aimer et désirer de les servir : et par conséquent il n'y en a point où nous ne devions ôter, de notre part, tous les obstacles qui s'y pourroient rencontrer, dont le plus grand est l'aversion et l'éloignement qu'ils pourroient avoir pour nous. De sorte que lors même que l'on ne peut conserver avec eux une paix intérieure qui consiste dans l'union de sentiments, il faut tâcher au moins d'en conserver une extérieure, qui consiste dans les devoirs de la civilité humaine, afin de ne se rendre pas incapable de les servir quelque jour, et de témoigner toujours à Dieu le désir sincère que l'on en a.

De plus, si nous ne leur servons pas actuellement, nous sommes au moins obligés de ne leur pas nuire. Or c'est leur nuire que de les porter, en les choquant, à tomber en quelque froideur à notre égard. C'est leur causer un dommage réel, que de les disposer par l'éloignement qu'ils concevront de nous, à prendre nos actions ou nos paroles en mauvaise part, à en parler d'une manière peu équitable, et qui blesseroit leur conscience, et enfin à mépriser même la vérité dans notre bouche, et à n'aimer pas la justice, lorsque c'est nous qui la défendons.

Ce n'est donc pas seulement l'intérêt des hommes, c'est celui de la vérité même qui nous oblige à ne les pas aigrir inutilement contre nous. Si nous l'aimons, nous devons éviter de la rendre odieuse par notre imprudence, et de lui fermer l'entrée du cœur et de l'esprit des hommes, en nous la fermant à nous-mêmes : et c'est aussi pour nous porter à éviter ce défaut que l'Écriture nous avertit : *Que les sages ornent la science*[1], c'est-à-dire qu'ils la rendent vénérable aux hommes, et que l'estime qu'ils s'attirent par leur modération fait paroître plus auguste la vérité qu'ils annoncent : au lieu qu'en se faisant ou mépriser ou haïr des hommes, on la déshonore, parce que le

---

[1] Prov. 15. 2.

mépris et la haine passent ordinairement de la personne à la doctrine.

Il est vrai qu'il est impossible que les gens de bien soient toujours en paix avec les hommes, après que Jésus-Christ [1] les a avertis qu'il ne devoient pas espérer d'être autrement traités d'eux qu'il l'a été lui-même. C'est pourquoi saint Paul, en nous exhortant de conserver la paix avec eux, y ajoute cette restriction : *S'il est possible :* Si *fieri potest* [2], sachant bien que cela n'est pas toujours possible, et qu'il y a des occasions où il faut par nécessité hasarder de les choquer en s'opposant à leurs passions. Mais afin de le faire utilement, et sans avoir un juste sujet de craindre que nous n'ayons contribué aux suites fâcheuses qui en naissent quelquefois, il faut éviter avec un extrême soin de les

[1] Matth. 10. 25. — [2] Rom. 12. 18.

choquer inutilement, ou pour des choses de peu d'importance, ou par une manière trop dure, parce qu'il n'y a en effet que ceux qui épargnent les autres, autant qu'il est en leur pouvoir, qui les puissent reprendre avec quelque fruit.

Si saint Pierre donc, sachant bien qu'il est inévitable que les chrétiens[1] souffrent et soient persécutés, leur recommande de ne se pas attirer leurs souffrances par leurs crimes : on leur peut dire de même qu'étant inévitable qu'ils soient haïs des hommes, ils doivent extrêmement éviter de se faire haïr par leur imprudence et leur indiscrétion, et de perdre par là le mérite qu'ils peuvent acquérir par cette sorte de souffrance.

Voici encore une autre raison qui

---

[1] 1. Petr. 4. v. 14 et 15.

rend la paix nécessaire, et qui nous oblige de la procurer autant qu'il nous est possible ; c'est que la correction fraternelle est un devoir qui nous est recommandé expressément par l'Évangile [1], et dont l'obligation est très-étroite. Cependant il est certain qu'il y a peu de gens qui le puissent pratiquer utilement, et sans causer plus de mal que de bien à ceux qu'ils reprennent. Mais il ne faut pas pour cela qu'ils s'en croient dispensés. Car comme on n'est pas exempt de faute devant Dieu, lorsque l'on se met par imprudence hors d'état de pratiquer la charité corporelle, et qu'il nous impute le défaut des bonnes œuvres dont nous nous privons par notre faute ; nous ne devons pas plus nous croire exempts de péché, lorsque le peu de soin que nous avons de con-

[1] Matth. 18. 15.

server la paix avec notre prochain, nous met dans l'impuissance de pratiquer envers lui la charité spirituelle que nous lui devons.

Enfin, notre intérêt spirituel, et la charité que nous nous devons à nous-mêmes, nous doit porter à éviter tout ce qui nous peut commettre avec les hommes et nous rendre l'objet de leur haine ou de leur mépris. Car rien n'est plus capable d'éteindre ou de refroidir dans nous-mêmes la charité que nous leur devons, puisqu'il n'y a rien de si difficile que d'aimer ceux en qui l'on ne trouve que de la froideur ou même de l'aversion.

CHAPITRE IV.

RÈGLE GÉNÉRALE POUR CONSERVER LA PAIX. NE BLESSER PERSONNE ET NE SE BLESSER DE RIEN. DEUX MANIÈRES DE CHOQUER LES AUTRES. CONTREDIRE LEURS OPINIONS; S'OPPOSER A LEURS PASSIONS.

Mais la peine n'est pas de se convaincre soi-même de la nécessité de conserver l'union avec le prochain, c'est de la conserver effectivement en évitant tout ce qui la peut altérer. Il est certain qu'il n'y a qu'une charité abondante qui puisse produire ce grand effet. Mais entre les moyens humains qu'il est utile d'y employer, il semble qu'il n'y en ait point de plus propre que de s'appliquer à bien connoître les causes ordinaires des divisions qui arrivent entre les hommes, afin de les pouvoir prévenir. Or, en les considérant en général, on peut dire qu'on ne se brouille avec les hommes que, parce qu'en les blessant, on les porte à se séparer de nous; ou parce qu'étant blessés par leurs actions ou par leurs paroles, nous venons nous-mêmes à nous éloigner d'eux et à renoncer à leur amitié. L'un et l'autre se peut faire, ou par une rupture manifeste, ou par un refroidissement insensible. Mais de quelque manière que cela se fasse, ce sont toujours ces mécontentements réciproques qui sont les causes des divisions : et l'unique moyen de les éviter, c'est de ne faire jamais rien qui puisse blesser personne, et de ne se blesser jamais de rien.

Il n'y a rien de plus facile que de prescrire cela en général. Mais il y a peu de choses plus difficiles à pratiquer en particulier ; et l'on peut dire que c'est ici une de ces règles, qui étant fort courtes dans les paroles, sont d'une extrême étendue dans le sens, et renferment dans leur généralité un grand nombre de devoirs très-importants. C'est pourquoi il est bon de la développer en examinant plus particulièrement par quels moyens on peut éviter de blesser les hommes, et mettre son esprit dans la disposition de ne se point blesser de ce qu'ils peuvent faire ou dire contre nous.

Le moyen de réussir dans la pratique du premier de ces devoirs est de savoir ce qui les choque, et ce qui forme en eux cette impression qui produit l'aversion et l'éloignement. Or il semble que toutes les causes s'en peuvent réduire à deux, qui sont de contredire leurs opinions, et de s'opposer à leurs passions. Mais comme cela se peut faire en diverses manières ; que ces opinions et ces passions ne sont pas toutes de même nature, et qu'il y en a pour lesquelles ils sont plus sensibles que pour d'autres, il faut encore pousser cette recherche plus loin, en considérant plus en détail les jugements et les passions qu'il est plus dangereux de choquer.

CHAPITRE V.

CAUSES DE L'ATTACHE QUE LES HOMMES ONT A LEURS OPINIONS. QUI SONT CEUX QUI Y SONT PLUS SUJETS.

Les hommes sont naturellement attachés à leurs opinions, parce qu'ils ne sont jamais sans quelque cupidité qui les porte à désirer de régner sur les autres en toutes les manières qui leur sont possibles. Or, on y règne en quelque sorte par la créance. Car c'est une espèce d'empire que de faire recevoir ses opinions aux autres. Et ainsi l'opposition que nous y trouvons nous blesse à proportion que nous aimons plus cette sorte de domination. L'homme met sa joie, dit l'Écriture, dans les sentiments qu'il propose : *Lætatur homo in sententia oris sui*[1]. Car en les proposant, il les rend siens, il en fait son bien, il s'y attache d'intérêt ; et les détruire, c'est détruire quelque chose qui lui appartient. On ne le peut faire, sans lui montrer qu'il se trompe, et il ne prend point plaisir à s'être trompé. Celui qui contredit un autre dans quelque point, prétend en cela avoir plus de lumière

[1] Prov. 15. 23.

que lui. Et ainsi il lui présente en même temps deux idées désagréables : l'une, qu'il manque de lumière ; l'autre, que celui qui le reprend le surpasse en intelligence. La première l'humilie, la seconde l'irrite et excite sa jalousie. Ces effets sont plus vifs et plus sensibles à mesure que la cupidité est plus vive et plus agissante, mais il y a peu de gens qui ne les ressentent en quelque degré, et qui souffrent la contradiction sans quelque sorte de dépit.

Outre cette cause générale, il y en a plusieurs autres qui rendent les hommes plus attachés à leur sens, ou plus sensibles à la contradiction. Quoiqu'il semble que la piété, en diminuant l'estime qu'on peut avoir de soi-même, et le désir de dominer sur l'esprit des autres, doive diminuer l'attache à ses propres sentiments, elle fait souvent un effet tout contraire. Car, comme les personnes spirituelles regardent toutes choses par des vues spirituelles, et qu'il leur arrive néanmoins quelquefois de se tromper, il leur arrive aussi quelquefois de spiritualiser certaines faussetés, et de revêtir des opinions ou incertaines ou mal fondées, de raisons de conscience qui les portent à s'y attacher opiniâtrément. De sorte qu'appliquant l'amour qu'elles ont en général pour la vérité, pour la vertu, et pour les intérêts de Dieu, à ces opinions qu'elles n'ont pas assez examinées, leur zèle s'excite et s'échauffe contre ceux qui les combattent, ou qui témoignent de n'en être pas persuadés : et ce qui leur reste même de cupidité, se mêlant et se confondant avec ces mouvements de zèle, se répand avec d'autant plus de liberté, qu'elles y résistent moins, et qu'elles ne distinguent point ce double mouvement qui agit dans leur cœur ; parce que leur esprit n'est sensiblement occupé que de ces raisons spirituelles qui leur paroissent être l'unique source de leur zèle.

C'est par un effet de cette illusion secrète, que l'on voit des personnes fort à Dieu s'attacher tellement à des opinions de philosophie, quoique très-fausses, qu'ils regardent avec pitié ceux qui n'en sont pas persuadés, et les traitent d'amateurs de nouveautés, lors même qu'ils n'avancent rien que d'indubitable. Il y en a devant qui l'on ne sauroit parler contre les formes substantielles, sans leur causer de l'indignation. D'autres s'intéressent pour Aristote, et pour les anciens philosophes, comme ils pourroient faire pour des Pères de l'Église. Quelques-uns prennent le parti du soleil, et prétendent qu'on lui fait injure en le faisant passer pour un amas de poussière qui se remue avec rapidité. La vérité est que ce n'est point la cupidité qui produit ces mouvements, et que ce ne sont que certaines maximes spirituelles, qui sont vraies en général, et qu'ils appliquent mal en particulier. Il faut avoir de l'aversion de la nouveauté, il est vrai. Il ne faut pas prendre plaisir à rabaisser ceux que le consentement public de tous les gens habiles a jugés dignes d'estime, il est encore vrai. Mais avec tout cela, quand il s'agit de choses qui n'ont point d'autres règles que la raison, la vérité connue doit l'emporter sur toutes ces maximes; et elles ne doivent servir qu'à nous rendre plus circonspects, pour ne nous pas laisser surprendre par de légères apparences.

Toutes les qualités extérieures qui, sans augmenter notre lumière, contribuent à nous persuader que nous avons raison, nous rendant plus attachés à notre sens, nous rendent aussi plus sensibles à la contradiction. Or il y en a plusieurs qui produisent en nous cet effet.

Ceux qui parlent bien et facilement sont sujets à être attachés à leur sens, et à ne se laisser pas facilement détromper, parce qu'ils sont portés à croire qu'ils ont le même avantage sur l'esprit des autres, qu'ils ont, pour le dire ainsi, sur la langue des autres; l'avantage qu'ils ont en cela leur est visible et palpable, au lieu que leur manque de lumière et d'exactitude dans le raisonnement leur est caché. De plus, la facilité qu'ils ont à parler donne un certain éclat à leurs pensées, quoique fausses, qui les éblouit eux-mêmes; au lieu que ceux qui parlent avec peine obscurcissent les vérités les plus claires et leur donnent l'air de fausseté, et ils sont même souvent obligés de céder et de paroître convaincus, faute de trouver des termes pour se démêler de ces faussetés éblouissantes.

Ce qui fortifie cette attache dans ceux qui ont cette facilité de parler, c'est qu'ils entraînent d'ordinaire la multitude dans leurs sentiments, parce qu'elle ne manque jamais de donner l'avantage de la raison à ceux qui ont l'avantage de la parole. Et ce consentement public revenant à eux, les rend encore plus contents de leurs pensées, parce qu'ils prennent de là sujet de les croire conformes à la lumière du sens commun. De sorte qu'ils reçoivent des autres ce qu'ils leur ont prêté, et sont trompés à leur tour par ceux même qu'ils ont trompés.

Il y a plusieurs qualités extérieures qui produisent le même effet, comme la modération, la retenue, la froideur, la patience. Car ceux qui les possèdent, se comparant par là avec ceux qui ne les ont pas, ne sauroient s'empêcher de se préférer à eux en ce point : en quoi ils ne leur font point d'injustice. Mais comme ces sortes d'avantages paroissent bien plus que ceux de l'esprit, et qu'ils attirent la créance et l'autorité dans le monde, ces personnes passent souvent jusques à préférer leur jugement à celui des autres qui n'ont pas ces qualités; non en croyant, par une vanité grossière, avoir plus de lumière d'esprit qu'eux, mais d'une manière plus fine et plus insensible. Car outre l'impression que fait sur eux l'approbation de la multitude à qui ils imposent par leurs qualités extérieures, ils s'attachent de plus aux défauts qu'ils remarquent dans la manière dont les autres proposent leur sentiment, et ils viennent enfin à les prendre insensiblement pour des marques de défaut de raison.

Il y en a même à qui le soin qu'ils

ont eu de demander à Dieu la lumière dont ils ont besoin pour se conduire en certaines occasions difficiles, suffit pour préférer les sentiments où ils se trouvent, à ceux des autres en qui ils ne voient pas la même vigilance dans la prière ; mais ils ne considèrent pas que le vrai effet des prières n'est pas tant de nous rendre plus éclairés, que de nous obtenir plus de défiance de nos propres lumières, et de nous rendre plus disposés à embrasser celle des autres. De sorte qu'il arrive souvent qu'une personne moins vertueuse aura en effet plus de lumière sur un certain point qu'un autre qui aura beaucoup plus de vertu. Mais en même temps toute cette lumière lui servira beaucoup moins par le mauvais usage qu'elle en fait, que si elle avoit obtenu par ses prières, et la docilité pour recevoir la vérité d'un autre, et la grâce d'en bien user.

Ceux qui ont l'imagination vive, et qui conçoivent fortement les choses, sont encore sujets à s'attacher à leur propre jugement, parce que l'application vive qu'ils ont à certains objets les empêche d'étendre assez la vue de leur esprit pour former un jugement équitable qui dépend de la comparaison de diverses raisons. Ils se remplissent tellement d'une raison, qu'ils ne donnent plus d'entrée à toutes les autres. Et ils ressemblent proprement à ceux qui sont trop près des objets, et qui ne voient ainsi que ce qui est précisément devant eux.

C'est par plusieurs de ces raisons que les femmes, et particulièrement celles qui ont beaucoup d'esprit, sont sujettes à être fort arrêtées à leur sens. Car elles ont d'ordinaire un esprit d'imagination, c'est-à-dire plus vif qu'étendu; et ainsi elles s'occupent fortement de ce qui les frappe, et considèrent fort peu le reste. Elles parlent bien et facilement, et par là elles attirent la créance et l'estime. Elles ont de la modération, et elles sont exactes dans les actions de piété. De sorte que tout contribue à leur faire estimer leurs propres pensées, parce que rien ne les porte à s'en défier.

Enfin, tout ce qui élève les hommes dans le monde, comme les richesses, la puissance, l'autorité, les rend insensiblement plus attachés à leurs sentiments, tant par la complaisance et la créance que ces choses leur attirent, que parce qu'ils sont moins accoutumés à la contradiction ; ce qui les y rend plus délicats. Comme on ne les avertit pas souvent qu'ils se trompent, ils s'accoutument à croire qu'ils ne se trompent point, et ils sont surpris lorsqu'on entreprend de leur faire remarquer qu'ils y sont sujets comme les autres.

Ce seroit à la vérité abuser de ces observations générales, que d'en prendre sujet d'attribuer en particulier cette attache vicieuse, à ceux en qui l'on remarque les qualités qui sont capables de la produire, parce qu'elles ne la produisent pas nécessairement. Ainsi l'usage qu'on en doit faire n'est pas de soupçonner ou de condamner personne en particulier sur ces signes incertains, mais seulement de conclure que, quand on traite avec des personnes qui, par leur état ou par la qualité de leur esprit, peuvent avoir ce défaut, soit qu'ils l'aient ou ne l'aient pas effectivement, il est toujours utile de se tenir davantage sur ses gardes, pour ne pas choquer, sans de grandes raisons, leurs opinions et leurs sentiments. Car cette précaution ne sauroit jamais nuire, et elle peut être très-utile en de certaines rencontres.

CHAPITRE VI.

QUELLES SONT LES OPINIONS QU'IL EST PLUS DANGEREUX DE CHOQUER.

Mais il faut remarquer que comme il y a des personnes qu'il est plus dangereux de contredire que d'autres, il y a aussi certaines opinions auxquelles il faut avoir plus d'égard. Et ce sont celles qui ne sont pas particulières à une seule personne du lieu où l'on vit, mais qui y sont établies par une approbation universelle. Car en choquant ces sortes d'opinions, il semble qu'on se veuille élever au-dessus de tous les autres; et l'on donne lieu à tous ceux qui en sont prévenus de s'y intéresser avec d'autant plus de chaleur, qu'ils croient ne s'intéresser pas pour leurs propres sentiments, mais pour ceux de tout le corps. Or la malignité naturelle est infiniment plus vive et plus agissante lorsqu'elle a un prétexte honnête pour se couvrir, et qu'elle se peut déguiser à elle-même, sous le prétexte du zèle que l'on doit avoir pour ses supérieurs et pour le corps dont on fait partie.

Cette remarque est d'une extrême importance pour la conservation de la paix. Et pour en pénétrer l'étendue, il faut ajouter qu'en tout corps et en toute société, il y a d'ordinaire certaines maximes qui règnent, qui sont formées par le jugement de ceux qui y possèdent la créance, et dont l'autorité domine sur les esprits. Souvent ceux qui les proposent y ont peu d'attache, parce qu'elles leur paroissent à eux-mêmes peu claires : mais cela n'empêche pas que les inférieurs, recevant ces maximes sans examen, et par la voie de la simple autorité, ne les reçoivent comme indubitables, et que faisant d'ordinaire consister leur bonheur à les maintenir à quelque prix que ce soit, ils ne s'élèvent avec zèle contre ceux qui les contredisent. Ces maximes et ces opinions regardent quelquefois des choses spéculatives et des questions de doctrine. On estime en quelques lieux une sorte de philosophie, en d'autres une autre. Il y en a où toutes les opinions sévères sont bien reçues, et d'autres où elles sont toutes suspectes. Quelquefois elles regardent l'estime que l'on doit faire de certaines personnes, et principalement de celles qui sont de la société même, parce que ceux qui y règnent par la créance leur donnent à chacun leur rang et leur place selon la manière dont ils les traitent ou dont ils en parlent, et cette place leur est confirmée par la multitude qui autorise le jugement des supérieurs, et qui est toujours prête de le défendre.

Or, comme ces jugements peuvent être faux et excessifs, il peut arriver que des particuliers de cette société même ne les approuvent pas, et qu'ils trouvent ces places mal données. Et s'ils n'en usent avec bien de la discrétion, et qu'ils n'apportent de grandes précautions pour ne pas choquer ceux avec qui ils vivent, par la diversité de leurs sentiments, il est difficile qu'ils ne se fassent condamner de présomption et de témérité, et que l'on ne porte même ce qu'ils auront témoigné de leurs sentiments beaucoup au delà de leur pensée, en les accusant de mépriser absolument ceux dont ils n'auroient pas toute l'estime que les autres en ont.

Pour éviter donc ces inconvénients

et beaucoup d'autres dans lesquels on peut tomber en combattant les opinions reçues, il faut, en quelque lieu et en quelque société que l'on soit, se faire un plan des opinions qui y règnent, et du rang que chacun y possède, afin d'y avoir tous les égards que la charité et la vérité peuvent permettre.

Il se peut faire que plusieurs de ces opinions soient fausses et que plusieurs de ces rangs soient mal donnés ; mais le premier soin que l'on doit avoir est de se défier de soi-même dans ce point. Car s'il y a dans les hommes une foiblesse naturelle qui les dispose à se laisser entraîner sans examen par l'impression d'autrui, il y a aussi une malignité naturelle qui les porte à contredire les sentiments des autres, et principalement de ceux qui ont beaucoup de réputation. Or il faut encore plus éviter ce vice que l'autre, parce qu'il est plus contraire à la société, et qu'il marque une plus grande corruption dans le cœur et dans l'esprit; de sorte que, pour y résister, il faut, autant que l'on peut, favoriser les opinions des autres, et être bien aise de les pouvoir approuver, et prendre même pour un préjugé de leur vérité de ce qu'elles sont reçues.

CHAPITRE VII.

L'IMPATIENCE QUI PORTE A CONTREDIRE LES AUTRES EST UN DÉFAUT CONSIDÉRABLE. QU'ON N'EST PAS OBLIGÉ DE CONTREDIRE TOUTES LES FAUSSES OPINIONS. QU'IL FAUT AVOIR UNE RETENUE GÉNÉRALE, ET SE PASSER DE CONFIDENT, CE QUI EST DIFFICILE A L'AMOUR-PROPRE.

L'impatience qui porte à contredire les autres avec chaleur ne vient que de ce que nous ne souffrons qu'avec peine qu'ils aient des sentiments différents des nôtres. C'est parce que ces sentiments sont contraires à notre sens qu'ils nous blessent, et non pas parce qu'ils sont contraires à la vérité. Si nous avions pour but de profiter à ceux que nous contredisons, nous prendrions d'autres mesures et d'autres voies. Nous ne voulons que les assujettir à nos opinions et nous élever au-dessus d'eux : ou plutôt nous voulons tirer, en les contredisant, une petite vengeance du dépit qu'ils nous ont fait en choquant notre sens. De sorte qu'il y a tout ensemble dans ce procédé, et de l'orgueil qui nous cause ce dépit, et du défaut de charité qui nous porte à nous en venger par une contradiction indiscrète, et de l'hypocrisie qui nous fait couvrir tous ces sentiments corrompus du prétexte de l'amour de la vérité et du désir charitable de désabuser les autres, au lieu que nous ne recherchons en effet qu'à nous satisfaire nous-mêmes. Et ainsi on nous peut très-justement appliquer ce que dit le sage : *Que les avertissements que donne un homme qui veut faire injure sont faux et trompeurs :* Est *correptio mendax in ira contumeliosi*[1]. Ce n'est pas qu'il dise toujours des choses fausses ; mais c'est qu'en voulant paroître avoir le dessein de nous servir en nous corrigeant de quelque défaut, il n'a que le dessein de déplaire et d'insulter.

Nous devons donc regarder cette impatience qui nous porte à nous élever sans discernement contre tout ce qui nous paroît faux, comme un défaut très-considérable, et qui est souvent beaucoup plus grand que l'erreur prétendue dont nous voudrions délivrer les

---

[1] Eccli. iv. 28.

autres. Ainsi, comme nous nous devons à nous-mêmes la première charité, notre premier soin doit être de travailler sur nous-mêmes, et de tâcher de mettre notre esprit en état de supporter sans émotion les opinions des autres qui nous paroissent fausses, afin de ne les combattre jamais que dans le désir de leur être utiles.

Or, si nous n'avions que cet unique désir, nous reconnoîtrions sans peine qu'encore que toute erreur soit un mal, il y en a néanmoins beaucoup qu'il ne faut pas s'efforcer de détruire, parce que le remède seroit souvent pire que le mal, et que, s'attachant à ces petits maux, on se mettroit hors d'état de remédier à ceux qui sont vraiment importants. C'est pourquoi encore que Jésus-Christ fût *plein de toute vérité* [1],

---

[1] Joan. 1. 14.

comme dit saint Jean, on ne voit point qu'il ait entrepris d'ôter aux hommes d'autres erreurs que celles qui regardoient Dieu, et les moyens de leur salut. Il savoit tous leurs égarements dans les choses de la nature. Il connoissoit mieux que personne en quoi consistoit la véritable éloquence. La vérité de tous les événements passés lui étoit parfaitement connue. Cependant il n'a point donné charge à ses apôtres, ni de combattre les erreurs des hommes dans la physique, ni de leur apprendre à bien parler, ni de les désabuser d'une infinité d'erreurs de fait, dont leurs histoires étoient remplies.

Nous ne sommes pas obligés d'être plus charitables que les apôtres. Et ainsi, lorsque nous apercevons qu'en contredisant certaines opinions qui ne regardent que des choses humaines, nous choquons plusieurs personnes, nous les aigrissons, nous les portons à faire des jugements téméraires et injustes, non-seulement nous pouvons nous dispenser de combattre ces opinions, mais même nous y sommes souvent obligés par la loi de la charité.

Mais, en pratiquant cette retenue, il faut qu'elle soit entière, et il ne se faut pas contenter de ne choquer pas en face ceux qu'on se croit obligé de ménager; il ne faut faire confidence à personne des sentiments que l'on a d'eux, parce que cela ne sert de rien qu'à nous décharger inutilement. Et il y a souvent plus de danger de dire à d'autres ce que l'on pense des personnes qui ont du crédit et de l'autorité dans un corps, et qui règnent sur les esprits, que de le dire à eux-mêmes, parce que ceux à qui l'on s'ouvre ayant souvent moins de lumière, moins d'équité, moins de charité, plus de faux zèle, et plus d'emportement, ils en sont plus blessés que ceux même de qui on parle ne le seroient ; et enfin, parce qu'il n'y a presque point de personnes vraiment secrètes, que tout ce qu'on dit des autres leur est rapporté, et encore d'une manière qui les pique plus qu'ils ne le seroient de la chose même. Et ainsi il n'y a aucun moyen d'éviter ces inconvénients qu'en gardant presque une retenue générale à l'égard de tout le monde.

Cette précaution est très-nécessaire, mais elle est difficile ; car ce n'est pas une chose aisée que de se passer de confident, quand on désapprouve quelque chose dans le cœur, et qu'on se croit obligé de ne le pas témoigner. L'amour-propre cherche naturellement cette décharge, et on est bien aise au moins d'avoir un témoin de sa retenue. Cette vapeur maligne qui porte à contredire ce qui nous choque, étant enfermée dans un esprit peu mortifié, fait un effort continuel pour en sortir ; et souvent le dépit qu'elle cause s'augmente par la violence que l'on se fait à la retenir. Mais plus ces mouvements sont vifs, plus nous devons en conclure que nous sommes obligés à les réprimer et que ce n'est pas à nous à nous mêler de la conduite des autres, lorsque nous avons tant de besoin de travailler sur nous-mêmes.

Ainsi, en résistant à cette envie de parler des défauts d'autrui, lorsque la prudence ne nous permet pas de les découvrir, il arrivera, ou que nous reconnoîtrons dans la suite que nous n'avions pas tout à fait raison, ou que nous trouverons le temps de nous en ouvrir avec fruit ; et par là nous pratiquerons ce que l'Écriture nous ordonne par ces paroles : *L'homme de bon sens retiendra en lui-même ses paroles jusqu'à un certain terme, et les lèvres de plusieurs publieront sa prudence.* Bonus *sensus usque in tempus abscondet verba illius, et labia multorum enarrabunt sensum illius*[1] : ou quand ni l'un ni l'autre n'arriveroit, nous jouirons toujours du bien de la paix, et nous pourrons justement espérer la récompense de cette retenue, dont nous nous serions privés en nous abandonnant à nos passions.

[1] Eccli. 1. 30.

CHAPITRE VIII.

QU'IL FAUT AVOIR ÉGARD A L'ÉTAT OU L'ON EST DANS L'ESPRIT DES AUTRES POUR LES CONTREDIRE.

S'il faut avoir égard, comme j'ai dit, à la qualité, à l'esprit et à l'état des personnes, quand il s'agit de les contredire, il en faut encore plus avoir à soi-même et à l'état où l'on est dans leur esprit. Car, puisqu'il ne faut combattre les opinions des autres que dans le dessein de leur procurer quelque avantage, il faut voir si l'on est en état d'y réussir, et comme ce ne peut être qu'en les persuadant, et qu'il n'y a que deux moyens de persuader, qui sont l'autorité et la raison, il faut bien connoître ce que l'on peut par l'un et par l'autre.

Le plus foible est sans doute celui de la raison ; et ceux qui n'ont que celui-là à employer n'en peuvent pas espérer un grand succès, la plupart des gens ne se conduisant que par autorité. C'est donc sur quoi il faut particulièrement s'examiner ; et si nous sentons que nous n'ayons pas le crédit et l'estime nécessaire pour faire bien recevoir nos avertissements, nous devons croire ordinairement que Dieu nous dispense de dire ce que nous pensons sur les choses qui nous paroissent blâmables, et que ce qu'il demande de nous en cette occasion, c'est la retenue et le silence. En suivant une autre conduite, on ne fait que se décrier, et se commettre sans profiter à personne, et troubler la paix des autres et la sienne propre.

L'avis que Platon donne de ne prétendre réformer et établir dans les républiques que ce qu'on se sent en état de faire approuver à ceux qui les composent, *tantum contendere in republica, quantum probare civibus tuis possis*, ne regarde pas seulement les États, mais toutes les sociétés particulières ; et ce n'est pas seulement la pensée d'un païen, mais une vérité et une règle chrétienne, qui a été enseignée par saint Augustin, comme absolument nécessaire au gouvernement de l'Église. *Le vrai pacifique*, dit ce saint, *est celui qui corrige ce qu'il peut des désordres qu'il connoît, et qui, désapprouvant par une lumière équitable ceux qu'il ne peut corriger, ne laisse pas de les supporter avec une fermeté inébranlable*[1]. Que si ce Père prescrit cette conduite à ceux même qui sont chargés du gou-

---

[1] De Serm. Dom. in Mont. l. 1. c. 20. n. 63.

vernement de l'Église, et s'il veut que la paix soit leur principal objet, et qu'ils tolèrent une infinité de choses de peur de la troubler, combien est-elle plus nécessaire à ceux qui ne sont chargés de rien, et qui n'ont que l'obligation commune à tous les chrétiens de contribuer ce qu'ils peuvent au bien de leurs frères!

Car, comme c'est une sédition dans un État politique d'en vouloir réformer les désordres, lorsque l'on n'y est pas dans un rang qui en donne le droit, c'est aussi une espèce de sédition dans les sociétés, lorsque les particuliers qui n'y ont pas d'autorité s'élèvent contre les sentiments qui y sont établis, et que par leur opposition ils troublent la paix de tout ce corps : ce qui ne se doit néanmoins entendre que des désordres qu'on doit tolérer et qui ne sont pas si considérables que le trouble que l'on causeroit en s'y opposant. Car il y en a de tels, qu'il est absolument nécessaire aux particuliers mêmes de s'y opposer ; mais ce n'est pas de ceux-là dont nous parlons présentement.

CHAPITRE IX.

QU'IL FAUT ÉVITER CERTAINS DÉFAUTS EN CONTREDISANT LES AUTRES.

Il ne faut pourtant pas porter les maximes que nous avons proposées jusques à faire généralement scrupule dans la conversation de témoigner que l'on n'approuve pas quelques opinions de ceux avec qui on vit. Ce seroit détruire la société au lieu de la conserver, parce que cette contrainte seroit trop gênante, et que chacun aimeroit mieux se tenir en son particulier. Il faut donc réduire cette réserve aux choses plus essentielles, et auxquelles on voit que les gens prennent plus d'intérêt : et encore y auroit-il des voies pour les contredire de telle sorte qu'il seroit impossible qu'ils s'en offensassent. Et c'est à quoi il faut particulièrement s'étudier, le commerce de la vie ne pouvant même subsister si l'on n'a la liberté de témoigner que l'on n'est pas du sentiment des autres.

Ainsi c'est une chose très-utile que d'étudier avec soin comment on peut proposer ses sentiments d'une manière si douce, si retenue et si agréable, que personne ne s'en puisse choquer. Les gens du monde le pratiquent admirablement à l'égard des grands, parce que la cupidité leur en fait trouver les moyens. Et nous les trouverions aussi bien qu'eux, si la charité étoit aussi agissante en nous que la cupidité l'est en eux, et qu'elle nous fît autant appréhender de blesser nos frères, que nous devons regarder comme nos supérieurs dans le royaume de Jésus-Christ, qu'ils appréhendent de blesser ceux qu'ils ont intérêt de ménager pour leur fortune.

Cette pratique est si importante et si nécessaire dans tout le cours de la vie, qu'il faudroit avoir un soin particulier de s'y exercer. Car souvent ce ne sont pas tant nos sentiments qui choquent les autres, que la manière fière, présomptueuse, passionnée, méprisante, insultante avec laquelle nous les proposons. Il faudroit donc apprendre à contredire civilement et avec humilité, et regarder les fautes que l'on y fait comme très-considérables.

Il est difficile de renfermer dans des

règles et des préceptes particuliers, toutes les diverses manières de contredire les opinions des autres sans les blesser. Ce sont les circonstances qui les font naître, et la crainte charitable de choquer nos frères qui nous les fait trouver. Mais il y a certains défauts généraux qu'il faut avoir en vue d'éviter, et qui sont les sources ordinaires de ces mauvaises manières. Le premier est l'ascendant, c'est-à-dire une manière impérieuse de dire ses sentiments, que peu de gens peuvent souffrir; tant parce qu'elle représente l'image d'une âme fière et hautaine, dont on a naturellement de l'aversion, que parce qu'il semble que l'on veuille dominer sur les esprits et s'en rendre le maître. On connoît assez cet air; et il faut que chacun observe en particulier ce qui le donne.

C'est, par exemple, une espèce d'ascendant que de faire paroître du dépit de ce que l'on ne nous croit pas, et d'en faire des reproches. Car c'est comme accuser ceux à qui l'on parle, ou d'une stupidité qui fait qu'ils ne sauroient entrer dans nos raisons ou d'une opiniâtreté qui les empêche de s'y rendre. Nous devons être persuadés, au contraire, que ceux qui ne sont pas convaincus par nos raisons, ne doivent pas être ébranlés par nos reproches, puisque ces reproches ne leur donnent aucune lumière, et qu'ils marquent seulement que nous préférons notre jugement au leur, et que nous ne nous soucions pas de les blesser.

C'est encore un fort grand défaut que de parler d'un air décisif, comme si ce qu'on dit ne pouvoit être raisonnablement contesté. Car l'on choque ceux à qui l'on parle de cet air, ou en leur faisant sentir qu'ils contestent une chose indubitable, ou en faisant paroître qu'on leur veut ôter la liberté de l'examiner et d'en juger par leur propre lumière, ce qui leur paroît une domination juste.

C'est pour porter les religieux à éviter cette manière choquante qu'un saint leur prescrivoit d'assaisonner tous leurs discours par le sel du doute, opposé à cet air dogmatique et décisif. *Omnis sermo vester dubitutionis sale sit conditus :* parce qu'il croyoit que l'humilité ne permettoit pas de s'attribuer une connoissance si claire de la vérité, qu'elle ne laissât aucun lieu d'en douter.

Car ceux qui ont cet air affirmatif témoignent non-seulement qu'ils ne doutent pas de ce qu'ils avancent, mais aussi qu'ils ne veulent pas qu'on en puisse douter. Or ç'est trop exiger des autres, et s'attribuer trop à soi-même. Chacun veut être juge de ses opinions, et ne les recevoir que parce qu'il les approuve. Tout ce que les personnes gagnent donc par là est que l'on s'applique encore plus qu'on ne feroit aux raisons de douter de ce qu'ils disent, parce que cette manière de parler excite un désir secret de les contredire, et de trouver que ce qu'ils proposent avec tant d'assurance n'est pas certain, ou ne l'est pas au point qu'ils se l'imaginent.

La chaleur qu'on témoigne pour ses opinions est un défaut différent de ceux que je viens de marquer, qui sont compatibles avec la froideur. Celui-ci fait croire que non-seulement on est attaché à ses sentiments par persuasion, mais aussi par passion; ce qui sert à plusieurs de préjugé de la fausseté de ces sentiments, et leur fait une impression toute contraire à celle que l'on prétend. Car le seul soupçon qu'on a plutôt embrassé une opinion par passion que par lumière la leur rend suspecte. Ils y résistent comme à une injuste violence qu'on leur veut faire, en prétendant leur faire entrer par force les choses dans l'esprit, et souvent même prenant ces marques de passion pour des espèces d'injures, ils se portent à se défendre avec la même chaleur qu'ils sont attaqués.

C'est un défaut si visible que de s'emporter dans la dispute à des termes injurieux et méprisants, qu'il n'est pas nécessaire d'en avertir. Mais il est bon de remarquer qu'il y a de certaines rudesses et de certaines incivilités qui tiennent du mépris, quoiqu'elles puissent venir d'un autre principe. C'est bien assez qu'on persuade à ceux que l'on contredit, qu'ils ont tort et qu'ils se trompent, sans leur faire encore sentir par des termes durs et humiliants qu'on ne leur trouve pas la moindre étincelle de raison. Et le changement d'opinions où l'on veut les réduire est assez dur à la nature, sans y ajouter encore de nouvelles duretés. Ces termes ne peuvent être bons que dans les réfutations que l'on fait par écrit, où l'on a plus dessein de persuader ceux qui les lisent du peu de lumière de celui qu'on réfute, que de l'en persuader lui-même.

Enfin, la sécheresse, qui ne consiste pas tant dans la dureté des termes que dans le défaut de certains adoucissements, choque aussi pour l'ordinaire, parce qu'elle enferme quelque sorte d'indifférence et de mépris. Car elle laisse la plaie que la contradiction fait, sans aucun remède qui en puisse diminuer la douleur. Or ce n'est pas avoir assez d'égard pour les hommes que de leur faire quelque peine sans la ressentir, et sans essayer de l'adoucir : et c'est ce que la sécheresse ne fait point, parce qu'elle consiste proprement à ne le point faire, et à dire durement les choses dures. On ménage ceux que l'on aime et que l'on estime, et ainsi on témoigne proprement à ceux que l'on ne ménage point qu'on n'a ni amitié ni estime pour eux.

CHAPITRE X.

QUI SONT CEUX QUI SONT LES PLUS OBLIGÉS D'ÉVITER LES DÉFAUTS MARQUÉS CI-DESSUS. QU'IL FAUT RÉGLER SON INTÉRIEUR AUSSI BIEN QUE SON EXTÉRIEUR, POUR NE PAS CHOQUER CEUX AVEC QUI L'ON VIT.

Il n'y a personne qui ne soit obligé de tâcher d'éviter les défauts que nous avons marqués. Mais il y en a qui y sont encore plus obligés que les autres, parce qu'il y en a en qui ils sont plus choquants et plus visibles. L'ascendant, par exemple, n'est pas un si grand défaut dans un supérieur, dans un vieillard, dans un homme de qualité, que dans un inférieur, un jeune homme, un homme de peu de considération. On en peut dire autant des autres défauts, parce qu'ils blessent moins, en effet, quand ils se trouvent dans des personnes considérables et qui ont autorité. Car dans celles-là on les confond presque avec une juste confiance que leur dignité leur donne, et ils en paroissent d'autant moins. Mais ils sont extraordinairement choquants dans les personnes du commun, de qui l'on attend un air modeste et retenu.

Les savants voudroient bien s'attribuer en cette qualité le droit de parler dogmatiquement de toutes choses ;

mais ils se trompent. Les hommes n'ont pas accordé ce privilége à la science véritable, mais à la science reconnue. Si la nôtre n'est pas dans ce rang, c'est comme si elle n'étoit point à l'égard des autres ; et ainsi elle ne nous donne aucun droit de parler décisivement, puisque tout ce que nous disons doit toujours être proportionné à l'esprit de ceux à qui nous parlons, et que cette proportion dépend de l'estime et de la créance qu'ils ont pour nous, et non pas de la vérité.

Pour parler donc avec autorité et décisivement, il faut avoir la science, et la créance tout ensemble, et l'on choque presque toujours les gens si l'on manque de l'une ou de l'autre. Il s'ensuit de là que les gens de mauvaise mine, les petits hommes, et généralement tous ceux qui ont des défauts extérieurs et naturels, quelque habiles qu'ils soient, sont plus obligés que les autres de parler modestement, et d'éviter l'air d'ascendant et d'autorité. Car, à moins que d'avoir un mérite fort extraordinaire, il est bien rare qu'ils s'attirent du respect. On les regarde presque toujours avec quelque sorte de mépris, parce que ces défauts frappent les sens et entraînent l'imagination, et que peu de gens sont touchés des qualités spirituelles, et sont même capables de les discerner.

On doit conclure de ces remarques, que les principaux moyens pour ne point blesser les hommes se réduisent au silence et à la modestie, c'est-à-dire à la suppression des sentiments qui pourroient choquer, lorsque l'utilité n'est pas assez grande pour s'y exposer; et à garder tant de mesures, quand on est obligé de les faire paroître, qu'on en ôte, autant qu'il est possible, ce qu'il y a de dur dans la contradiction.

Mais on ne réussira jamais dans la pratique de ces règles, si l'on ne travaille que sur l'extérieur, et que l'on ne tâche de réformer l'intérieur même. Car c'est le cœur qui règle nos paroles selon le sage : *Cor sapientis erudiet os ejus*[1]. Il faut donc tâcher d'acquérir cette sagesse et cette humilité du cœur, en gémissant devant Dieu des mouvements d'orgueil que l'on ressent, en lui demandant sans cesse la grâce de les réprimer, et en tâchant d'entrer dans les dispositions dont cette retenue est une suite naturelle, et qui la produisent sans peine lorsque nous y sommes bien établis.

Il faut pour cela tâcher d'être vivement touché du danger où l'on s'expose

[1] Prov. 16. 23.

en blessant les autres par son indiscrétion. Car les plaies des âmes ont cela de commun avec celles du corps, que, quoiqu'elles ne soient pas toutes mortelles de leur nature, elles le peuvent toutes devenir si on les irrite et les envenime. La gangrène se peut mettre à la moindre égratignure, si des humeurs malignes se jettent sur la partie blessée. Ainsi le moindre mécontentement que l'on aura donné à quelqu'un par une contradiction imprudente peut être cause de sa mort spirituelle et de la nôtre, parce que ce sera le principe d'une aigreur qui pourra s'augmenter dans la suite, jusqu'à éteindre la charité en lui et en nous. Ce refroidissement le disposera à prendre en mauvaise part d'autres paroles, qu'il auroit souffertes sans peine s'il n'avoit point eu le cœur aigri ; il en sera moins retenu à notre égard, et il nous portera peut-être à lui parler encore plus durement en d'autres occasions ; les occasions même deviendront plus fréquentes, et la froideur, se changeant en haine, bannira entièrement la charité.

Non-seulement ces accidents sont possibles, mais ils sont ordinaires. Car il arrive rarement que les inimitiés et les haines qui tuent l'âme n'aient été précédées et ne soient même attachées à ces petits refroidissements que les indiscrétions produisent. C'est pourquoi je ne m'étonne point que le sage demande avec tant d'instance à Dieu qu'il imprime un cachet sur ses lèvres : *Super labia mea signaculum certum*[1], de peur que sa langue ne le perde, *ne lingua mea perdat me;* et je comprends aisément qu'il demandoit à Dieu par là qu'il n'en sortît aucune parole sans son ordre,

---

[1] Eccli. 22. 33.

comme on ne tire rien d'un lieu où l'on a mis un sceau, sans l'ordre de celui qui l'y a mis. C'est-à-dire qu'il désiroit de pouvoir veiller avec tant d'exactitude sur toutes ses paroles, qu'il n'y en eût aucune qui ne fût réglée selon les lois de Dieu, qui sont les mêmes que celles de la charité : parce que, si l'on ne s'attache qu'à celles qui s'en écartent visiblement et grossièrement, il est impossible qu'il n'en échappe beaucoup d'autres qui produisent de très-mauvais effets.

C'est donc une étrange condition que celle des hommes dans cette vie. Non-seulement ils marchent toujours vers une éternité de bonheur ou de malheur, mais chaque démarche, chaque action, chaque parole les détermine souvent à l'un ou à l'autre de ces deux états : leur salut ou leur perte y peuvent être attachés, quoiqu'elles ne paroissent d'aucune conséquence. Nous sommes tous sur le bord d'un précipice, et souvent il ne faut que le moindre faux pas pour nous y faire tomber. Une parole indiscrète fait d'abord sortir l'esprit de son assiette, et notre propre poids est capable de l'entraîner ensuite jusque dans l'abîme.

CHAPITRE XI.

QU'IL FAUT RESPECTER LES HOMMES, ET NE REGARDER PAS COMME DURE L'OBLIGATION QUE L'ON A DE LES MÉNAGER. QUE C'EST UN BIEN QUE DE N'AVOIR NI AUTORITÉ NI CRÉANCE.

Mais il ne suffit pas de ménager les hommes, il les faut encore respecter ; n'y ayant rien qui nous puisse plus éloigner de les blesser que ce respect intérieur que nous aurons pour eux. Les serviteurs n'ont point de peine à ne pas contredire leurs maîtres, ni les courtisans à ne point choquer les rois, parce que la disposition intérieure d'assujettissement où ils sont apaise l'aigreur de leurs sentiments et règle insensiblement leurs paroles. Nous serions au même état à l'égard de tous les chrétiens, si nous les regardions tous comme nos supérieurs et comme nos maîtres, ainsi que saint Paul nous l'ordonne; si nous considérions Jésus-Christ en eux; si nous nous souvenions qu'il les a mis en sa place; et si, au lieu d'appliquer notre esprit à leurs défauts, nous nous appliquions aux sujets que nous avons de les estimer et de les préférer à nous.

Surtout il faut tâcher de ne pas re-

---

[1] Philip. 2. 3.

garder cette obligation au silence, à la retenue, à la modestie dans les paroles, comme une nécessité dure et fâcheuse ; mais de la considérer, au contraire, comme heureuse, favorable et avantageuse ; parce qu'il n'y a rien de plus propre à nous tenir dans l'humilité, qui est le plus grand bonheur des chrétiens. C'est ce qui nous doit rendre aimable tout ce qui nous y engage, comme, par exemple, le manque d'autorité et tous les défauts naturels qui l'attirent. Car il est vrai, d'une part, que ceux qui n'ont pas d'autorité ni de créance sont obligés de parler avec plus de modestie et plus d'égard que les autres, quelque science et quelque lumière qu'ils aient : mais il est vrai aussi qu'ils s'en doivent tenir beaucoup plus heureux.

Car ce n'est pas un petit danger que d'être maître des esprits, et de leur donner le branle et les impressions que l'on veut, parce qu'il arrive de là qu'on leur communique toutes les faussetés dont on est prévenu et tous les jugements téméraires que l'on forme. Au lieu que ceux qui ne sont point en cet état sont exempts de ce péril, et que, s'ils se trompent, ils ne se trompent que pour eux et n'ont point à répondre pour les autres. Ils ne voient point, de plus, dans ceux qui les environnent, ces jugements avantageux à leur égard qui sont la plus grande nourriture de la vanité, et comme les hommes s'attachent peu à eux, ils en sont moins portés à s'attacher eux-mêmes aux hommes, et ils ont plus de facilité à ne regarder que Dieu dans leurs actions.

Ce n'est pas qu'il faille rechercher directement cette privation d'autorité et de créance, et que nous n'ayons sujet de nous humilier quand c'est par nos défauts que nous l'avons attirée.

Mais de quelque sorte qu'elle arrive, si nous ne sommes pas obligés d'en aimer la cause, il faut pourtant reconnoître que les effets en sont favorables, puisque cet état nous retranche cette nourriture de l'orgueil, qu'il nous exempte de prendre part à beaucoup de choses dangereuses ; et que, nous obligeant à une extrême modération dans les paroles, il nous met à couvert d'une infinité de périls. Il est vrai qu'il nous prive aussi du bien d'édifier les autres. Mais comme Dieu nous a chargés plus particulièrement de notre salut que de celui de nos frères, il semble qu'il y ait plus de sujet de désirer cet état que de s'en affliger ; et que ceux qui y sont réduits, de quelque manière que cela soit arrivé, ont raison de dire à Dieu avec confiance et avec joie : *Il m'est bon que vous m'ayez humilié, afin que j'apprenne vos ordonnances pleines de jus-*

tice. Bonum *mihi quia humiliasti me, ut discam justificationes tuas*[1].

CHAPITRE XII.

QUE QUOIQUE LE DÉPIT QUE LES HOMMES ONT QUAND ON S'OPPOSE A LEURS PASSIONS SOIT INJUSTE, IL N'EST PAS A PROPOS DE S'Y OPPOSER. TROIS SORTES DE PASSIONS : JUSTES, INDIFFÉRENTES, INJUSTES. COMMENT ON SE DOIT CONDUIRE A L'ÉGARD DES PASSIONS INJUSTES.

Ce que nous avons dit des moyens de ne point blesser les hommes en contredisant leurs opinions nous donne beaucoup d'ouverture pour comprendre de quelle sorte il les faut ménager dans leurs passions, puisque ces opinions

[1] Ps. 118. 71.

mêmes en font partie, et qu'ils ne se piquent, quand on combat leurs opinions, que parce qu'ils les aiment et qu'ils y sont attachés par passion.

Ce dépit qu'ils ressentent quand on s'oppose à leurs désirs vient de la même source que celui qu'ils ont quand on contredit leur sentiment, c'est-à-dire d'une tyrannie naturelle, par laquelle ils voudroient dominer sur tous les hommes et les assujettir à leurs volontés. Mais parce qu'elle paroît trop déraisonnable quand elle se montre à découvert, l'amour-propre a soin de la déguiser en couvrant les passions d'un voile de justice, et en leur persuadant que l'opposition qu'ils y trouvent ne les offense que parce qu'elle est injuste et contraire à la raison.

Mais encore que ce sentiment soit injuste, et qu'on ne dût pas l'avoir, il n'est pas juste néanmoins de se mettre au hasard de l'exciter par son indiscrétion, et il peut souvent arriver que, comme celui qui s'offense de ce que l'on ne suit pas ses inclinations, a tort, celui qui ne les suit pas, en a encore davantage, parce qu'il manque à quelque devoir à quoi la raison l'obligeoit, et qu'il est cause des fautes que ce dépit fait commettre à ceux qui le ressentent.

Il faut donc s'appliquer à ce que l'on doit aux inclinations des autres, parce qu'autrement il est impossible d'éviter les plaintes, les murmures, les querelles, qui sont contraires à la tranquillité de l'esprit et à la charité, et par conséquent à l'état d'une vie vraiment chrétienne.

Or il faut remarquer d'abord, que nous ne recherchons pas ici le moyen de plaire aux hommes, mais seulement celui de ne leur pas déplaire, et de ne nous pas attirer leur aversion, parce que cela suffit à la paix dont nous parlons. Il est vrai qu'en gagnant leur affection, on y réussit mieux : mais souvent cette affection coûte trop à acquérir. Il faut se contenter de ne pas se faire haïr, et d'éviter les reproches et les plaintes. Et c'est ce que l'on ne peut faire qu'en étudiant les inclinations des hommes, et en les suivant autant que la justice, ou l'exige, ou le permet.

Entre ces inclinations, il y en a que l'on peut appeler justes, d'autres indifférentes, et d'autres injustes. Il ne faut jamais contenter positivement celles qui sont injustes; mais il n'est pas toujours nécessaire de s'y opposer. Lorsqu'on le fait, il faut toujours comparer le bien et le mal, et voir si l'on a sujet d'espérer un plus grand bien de cette opposition que le mal qu'elle pourra causer. Car on peut appliquer à toutes sortes de gens la règle que saint Augustin donne pour reprendre les grands du monde : *Que s'il y a à craindre qu'en les irritant par la répréhension on ne les porte à faire quelque mal plus grand que n'est le bien qu'on leur veut procurer, c'est alors un conseil de charité de ne les pas reprendre, et non pas un prétexte de la cupidité*[1]. Au reste, il ne faut pas s'imaginer qu'il soit besoin de peu de vertu pour souffrir ainsi en patience les défauts que l'on ne croit pas pouvoir corriger, et que la liberté qui fait reprendre fortement les désordres soit plus rare et plus difficile que la disposition d'une personne qui en gémit devant Dieu, qui se fait violence pour n'en rien témoigner, et qui, bien loin d'en mépriser les autres, s'en sert pour s'humilier soi-même par la vue de la misère commune des hommes. Car cette disposition enferme en même temps la

[1] De civ. l. 1. c. 9. n. 2.

pratique de la mortification, en réprimant l'impétuosité naturelle qui porte à s'élever contre ceux que l'on n'est pas en état de corriger ; celle de l'humilité, en nous donnant une idée plus vive de notre propre corruption ; et celle de la charité, en nous faisant supporter patiemment les défauts du prochain.

Enfin on résiste par là à l'un des grands défauts des hommes, qui est que leurs passions se mêlent partout, et que c'est par là qu'ils choisissent pour l'ordinaire jusqu'aux vertus qu'ils veulent pratiquer. Ils veulent reprendre ceux qu'il faudroit se contenter de souffrir, et se contentent de souffrir ceux qu'il faudroit reprendre. Ils s'appliquent aux autres, quand Dieu demande qu'ils ne s'appliquent qu'à eux-mêmes : et ils veulent ne s'appliquer qu'à eux-mêmes, lorsque Dieu veut qu'ils s'appliquent aux autres. S'ils ne peuvent pratiquer certaines actions de vertu qu'ils ont dans l'esprit, ils abandonnent tout : au lieu de voir que cette impuissance où Dieu les met à l'égard de ces vertus leur donne le moyen d'en pratiquer d'autres qui seroient d'autant plus agréables à Dieu que leur volonté et leur propre choix y auroient moins de part.

C'est encore une faute que l'on peut commettre sur ce sujet, de prendre la charge de s'opposer aux passions même les plus injustes, lorsque d'autres le peuvent faire avec plus de fruit que nous : parce qu'il est visible que cet empressement vient d'une espèce de malignité qui se plaît à incommoder. Car il s'en mêle dans les répréhensions justes, aussi bien que dans les injustes; et elle est même bien aise d'avoir des prétextes justes de s'opposer aux autres, parce que ceux qu'elle contriste le sont d'autant plus qu'ils l'ont mieux mérité.

Cette même règle oblige de prendre les voies les moins choquantes et les plus douces, quand on est obligé de faire quelque action désagréable au prochain, et il ne faut pas se croire exempt de faute, lorsque l'on se contente d'avoir raison dans le fond, et que l'on n'a nul égard à la manière dont on fait les choses, que l'on ne prend aucun soin d'en diminuer l'amertume, et de persuader à ceux dont on traverse les passions, que c'est par nécessité que l'on s'y porte, et non par inclination.

CHAPITRE XIII.

COMMENT ON SE DOIT CONDUIRE A L'ÉGARD DES PASSIONS INDIFFÉRENTES ET JUSTES DES AUTRES.

J'appelle passions indifférentes celles dont les objets, n'étant pas mauvais d'eux-mêmes, pourroient être recherchés sans passion et par raison, quoique peut-être on les recherche avec une attache vicieuse. Or, dans ces sortes de choses, nous avons encore plus de liberté de nous rendre aux inclinations des autres. Car nous ne sommes pas leurs juges : et il faut une évidence entière pour avoir droit de juger qu'ils ont trop d'attache à ces objets d'ailleurs innocents. Nous ne savons pas même si ces attaches ne leur sont point nécessaires, puisqu'il y a bien des gens qui tomberoient dans des états dangereux, si on les séparoit tout d'un coup de toutes les choses auxquelles ils ont de l'attache. De plus, ces sortes d'attaches se doivent détruire avec prudence et circonspection, et nous ne devons pas nous attribuer le droit de juger de la manière dont il s'y faut prendre. Enfin, il est souvent à craindre que nous ne leur fassions plus de mal par l'aigreur que nous leur causons en nous opposant indiscrètement à ces passions que l'on appelle innocentes, que nous ne leurs procurons de bien par l'avis que nous leur donnons.

Il peut donc y avoir de l'indiscrétion à parler fortement contre l'excès de la propreté devant les personnes qui y ont de l'attache ; contre l'inutilité des peintures devant ceux qui les aiment ; contre les vers et la poésie devant ceux qui s'en mêlent. Ces sortes d'avertissements sont des espèces de remèdes ; ils ont leur amertume, leur désagrément et leur danger. Il faut donc les donner avec les mêmes précautions que les médecins dispensent les leurs ; et c'est agir en empirique ignorant que de les proposer à tout le monde sans discernement.

Il suffit pour se rendre aux inclinations des autres, lors même que l'on les soupçonne d'y avoir de l'attache, de ne pas voir clairement qu'on leur soit utile en s'y opposant. Il faut de la lumière et de l'adresse pour entreprendre de les guérir ; mais le défaut de l'une ou de l'autre suffit pour se rendre à leurs désirs dans les choses qui ne sont pas mauvaises d'elles-mêmes. Car alors on a droit de régler ses actions par la loi générale de la charité, qui nous doit rendre disposés à obliger et à servir tout le monde. Et l'utilité d'acquérir leur affection, en leur témoignant qu'on les aime, se rencontrant toujours dans cette condescendance, il faut un avantage plus grand et plus clair pour nous porter à nous en priver.

J'appelle passions justes celles dans lesquelles nous sommes obligés par quelques lois de suivre les autres, quoiqu'il ne soit peut-être pas juste qu'ils exigent de nous cette déférence. Car, comme nous sommes plus obligés de satisfaire à nos obligations que de corriger leurs défauts, la raison veut que nous nous acquittions avec simplicité de ce que nous leur devons, et que nous leur ôtions ainsi tout sujet de plainte, sans nous mettre en peine s'ils ne l'exigent point avec trop d'empire ou trop d'empressement.

Or, pour comprendre l'étendue de

ces devoirs, il faut savoir qu'il y a des choses que nous devons aux hommes selon certaines lois de justice, que l'on appelle proprement lois, et d'autres que nous leur devons selon de simples lois de bienséance, dont l'obligation naît du consentement des hommes qui sont convenus entre eux de blâmer ceux qui y manqueroient. C'est de cette dernière manière que nous devons à ceux avec qui nous vivons les civilités établies entre les honnêtes gens, quoiqu'elles ne soient point réglées par des lois expresses ; que nous leur devons certains services selon le degré de liaison que nous avons avec eux ; que nous leur devons une correspondance d'ouverture et de confiance, à proportion de ce qu'ils nous en témoignent : car les hommes ont établi toutes ces lois. Il y a de certaines choses qu'on doit faire pour ceux avec qui on est en un certain degré de familiarité, que l'on pourroit refuser à d'autres, sans qu'ils eussent droit de le trouver mauvais. Il faut tâcher de se rendre exact à tous ces devoirs, autrement il est impossible d'éviter les plaintes, les murmures et l'aversion des hommes. Car il n'est pas croyable combien ceux qui ont peu de vertu sont choqués quand on manque de leur rendre les devoirs de reconnoissance et de civilité établis dans le monde, et combien ces choses refroidissent le peu qu'ils ont de charité. Ce sont des objets qui les troublent et qui les irritent toujours, et qui détruisent l'édification qu'ils pourroient recevoir du bien qu'ils voient en nous; parce que ces défauts, qui les blessent en particulier, leur sont infiniment plus sensibles que des vertus qui ne les regardent point.

CHAPITRE XIV.

QUE LA LOI ÉTERNELLE NOUS OBLIGE A LA GRATITUDE.

La charité nous obligeant à compatir à la foiblesse de nos frères, et à leur ôter tout sujet de tentation, nous oblige aussi à nous acquitter avec soin des devoirs que nous avons marqués; mais ce n'est pas la charité seulement, c'est la justice même et la loi éternelle qui le prescrit, comme il est facile de le faire voir, tant au regard des témoignages de gratitude qu'à l'égard des devoirs de civilité à laquelle on peut réduire les autres dont nous avons parlé, comme l'ouverture, la confiance, l'application, qui sont des espèces de civilité.

La source de toute la gratitude que nous devons aux hommes est que, comme Dieu se sert de leur ministère pour nous procurer divers biens de l'âme et du corps, il veut aussi que notre gratitude remonte à lui par les hommes, et qu'elle embrasse les instruments dont il se sert. Et comme il se cache dans ses bienfaits, et qu'il veut que les hommes en soient les causes visibles, il veut aussi qu'ils tiennent sa place pour recevoir extérieurement de nous les effets de la reconnoissance que nous lui devons. Ainsi c'est violer l'ordre de Dieu que de se vouloir contenter d'être reconnoissant envers lui, et de ne l'être point envers ceux dont il s'est servi pour nous faire sentir les effets de sa bonté.

Si donc les hommes sont attentifs par un mouvement intéressé à ceux qui leur doivent de la reconnoissance, Dieu l'est aussi, selon l'Écriture, mais par une justice toute pure et toute désintéressée. Car c'est ce que dit le sage dans ces paroles : *Deus prospector est ejus qui reddit gratiam*[1]. Et il faut se servir de cette double attention pour exciter la nôtre, et pour tenir nos yeux arrêtés et sur les hommes qui nous demandent ces devoirs, et sur Dieu qui nous ordonne de les rendre.

Il ne faut pas prétendre s'en exempter par le prétexte du désintéressement et de la piété de ceux à qui nous avons obligation, et sur ce qu'ils n'attendent rien de nous. Car, quelque désintéressés qu'ils soient, ils ne laissent pas de voir ce qui leur est dû; et il est rare qu'ils le soient jusqu'au point de n'avoir aucun ressentissement, lorsque l'on a peu d'application à s'en acquitter. Outre

[1] Eccli. 3. 34.

que s'ils n'en viennent pas jusqu'aux reproches, il est très-aisé qu'ils prennent un certain tour qui fait à peu près le même effet qu'un ressentiment humain. Ils disent qu'ils ne peuvent pas s'aveugler pour ne pas voir que ces personnes en usent mal, mais qu'ils les en dispensent de bon cœur. Ainsi, en les en dispensant, on ne laisse pas de blâmer leur procédé, et par là on vient insensiblement à les moins aimer, et enfin à leur donner moins de marques d'affection.

Il en est de même des devoirs de civilité. Les gens les plus détachés ne laissent pas de remarquer quand on y manque; et les autres s'en offensent effectivement. Quand on n'est pas persuadé par les sens qu'on est aimé et considéré, il est difficile que le cœur le soit, ou qu'il le soit vivement. Or, c'est la civilité qui fait cet effet sur les sens, et par les sens sur l'esprit, et si l'on y manque, cette négligence ne manque point de produire dans les autres un refroidissement qui passe souvent des sens jusqu'au cœur.

CHAPITRE XV.

RAISONS FONDAMENTALES DU DEVOIR DE LA CIVILITÉ.

Les hommes croient qu'on leur doit la civilité, et on la leur doit en effet selon qu'elle se pratique dans le monde; mais ils n'en savent pas la raison. S'ils n'avoient pas d'autre droit de l'exiger que celui que leur donne la coutume, on ne la leur devroit pas. Car cela ne suffit pas pour asservir les autres à certaines actions pénibles. Il faut remonter plus haut pour en trouver la source, aussi bien que dans ce qui regarde la gratitude. Et s'il est vrai, comme le dit un homme de Dieu, qu'il n'y a rien de si civil qu'un bon chrétien, il faut qu'il y ait des raisons divines qui y obligent : et ce que nous allons dire peut aider à les découvrir.

Il faut considérer pour cela que les hommes sont liés entre eux par une infinité de besoins, qui les obligent par nécessité de vivre en société, chacun en particulier ne se pouvant passer des autres : et cette société est conforme à l'ordre de Dieu, puisqu'il permet ces besoins pour cette fin. Tout ce qui est donc nécessaire pour la maintenir est dans cet ordre, et Dieu le commande en quelque sorte par cette loi naturelle qui oblige chaque partie à la conservation de son tout. Or il est absolument nécessaire, afin que la société des hommes subsiste, qu'ils s'aiment et se respectent les uns les autres. Car le mépris et la haine sont des causes certaines de désunion. Il y a une infinité de petites choses très-nécessaires à la vie, qui se donnent gratuitement, et qui n'entrant pas en commerce ne se peuvent acheter que par l'amour. De plus, cette société étant composée d'hommes qui s'aiment eux-mêmes, et qui sont pleins de leur propre estime, s'ils n'ont quelque soin de se contenter et de se ménager réciproquement, ce ne sera qu'une troupe de gens mal satisfaits les uns des autres, qui ne pourront demeurer unis. Mais comme l'amour et l'estime que nous avons pour les autres ne paroissent point aux yeux, ils se sont avisés d'établir entre eux certains devoirs qui seroient des témoignages de respect et d'affection. Et il arrive de là nécessairement, que de manquer à ces devoirs, c'est témoigner une disposition contraire à l'amour et au respect. Ainsi nous devons ces actions extérieures à ceux à qui nous devons les dispositions qu'elles marquent : et nous leur faisons injure en y manquant, parce que cette omission marque des sentiments où nous ne devons pas être à leur égard.

On peut donc et l'on doit même se rendre exact aux devoirs de civilité que les hommes ont établis : et les motifs de cette exactitude sont non-seulement très-justes, mais ils sont même fondés sur la loi de Dieu. On le doit faire pour éviter de donner l'idée qu'on a du mépris ou de l'indifférence pour ceux à qui on ne les rendroit pas ; pour entretenir la société humaine, à laquelle il est juste que chacun contribue, puisque chacun en retire des avantages très-considérables ; et enfin, pour éviter les reproches intérieurs ou extérieurs de ceux à l'égard de qui on y manqueroit, qui sont les sources des divisions qui troublent la tranquillité de la vie, et cette paix chrétienne qui est l'objet de ce discours.

SECONDE PARTIE.

CHAPITRE PREMIER.

QU'IL NE FAUT PAS ÉTABLIR SA PAIX SUR LA CORRECTION DES AUTRES. UTILITÉ DE LA SUPPRESSION DES PLAINTES. QU'ELLES FONT ORDINAIREMENT PLUS DE MAL QUE DE BIEN.

Il ne suffit pas pour conserver la paix avec les hommes d'éviter de les blesser, il faut encore savoir souffrir d'eux lorsqu'ils font des fautes à notre égard. Car il est impossible de conserver la paix intérieure, si l'on est si sensible à tout ce qu'ils peuvent faire et dire de contraire à nos inclinations et à nos sentiments :

et il est difficile même que le mécontentement intérieur que nous aurons conçu n'éclate au dehors, et ne nous dispose à agir envers ceux qui nous auront choqués, d'une manière capable de de les choquer à leur tour : ce qui augmente peu à peu les différends, et les porte souvent aux extrémités.

Il faut donc tâcher d'arrêter les divisions et les querelles dans leur naissance même. Et l'amour-propre ne manque jamais de nous suggérer sur ce sujet, que le moyen d'y réussir seroit de corriger ceux qui nous incommodent, et de les rendre raisonnables, en leur faisant connoître qu'ils ont tort d'agir avec nous comme ils font. C'est ce qui nous rend si sujets à nous plaindre du procédé des autres, et à leur faire remarquer leurs défauts, ou pour les corriger de ce qui nous déplaît en eux, ou pour les en punir par le dépit que nos plaintes leur peuvent causer, et par le blâme qu'elles leur attirent.

Mais si nous étions nous-mêmes vraiment raisonnables, nous verrions sans peine que ce dessein d'établir la paix sur la réformation des autres, est ridicule, par cette raison même que le succès en est impossible. Plus nous nous plaindrons du procédé des autres, plus nous les aigrirons contre nous, sans les corriger. Nous nous ferons passer pour délicats, fiers, orgueilleux ; et le pis est que cette opinion qu'on aura de nous ne sera pas tout à fait injuste, puisqu'en effet ces plaintes ne viennent que de délicatesse et d'orgueil. Ceux même qui témoigneront entrer dans nos raisons, et qui croiront qu'on nous aura fait quelque injustice, ne laisseront pas d'être mal édifiés de notre sensibilité. Et comme les hommes sont naturellement portés à se justifier, si ceux dont nous nous plaindrons ont un peu d'adresse, ils tourneront les choses de manière que l'on nous donnera le tort. Car souvent le même défaut de justesse d'esprit et d'équité qui fait faire aux gens les fautes dont nous nous plaignons, les empêche aussi de les reconnoître, et leur fait prendre pour vrai et pour juste tout ce qui peut servir à les en justifier.

Que si ceux dont nous nous plaignons sont élevés au-dessus de nous par le rang, par la créance et par l'autorité, les plaintes que nous en pourrions faire seroient encore plus inutiles et plus dangereuses. Elles ne nous peuvent donner que la satisfaction maligne et passagère de les faire condamner par ceux à qui nous nous en plaindrions ; et elles produisent dans la suite de mauvais effets, durables et permanents, en aigrissant ces gens-là contre nous, et en rompant toute l'union que nous pourrions avoir avec eux.

La prudence nous oblige donc à prendre une route toute contraire ; à quitter absolument le dessein chimérique de corriger tout ce qui nous déplaît dans les autres, et à tâcher d'établir notre paix et notre repos sur notre propre réformation et sur la modération de nos passions. Nous ne rendrons compte de leurs actions qu'autant que nous y aurons donné occasion, mais nous rendrons compte de nos actions, de nos paroles et de nos pensées. Nous sommes chargés de travailler sur nous-mêmes et de nous corriger de nos défauts ; et si nous le faisions comme il faut, rien de ce qui viendroit du dehors ne seroit capable de nous troubler.

Nous ne manquons jamais, dans les affaires temporelles, de préférer un bien certain qui nous regarde, à un bien incertain qui regarde les autres. Si nous en faisions de même dans les affaires de notre salut, nous reconnoîtrions tout d'un coup que le parti de se plaindre est ordinairement un parti faux, et que la raison condamne. Car en ne nous plaignant point, nous profitons certainement à nous-mêmes. Et il est fort incertain qu'en nous plaignant nous profitions au prochain. Pourquoi donc nous privons-nous du bien de la patience, sous prétexte de leur procurer le bien de la correction? Il faudroit au moins qu'il y eût une grande apparence d'y réussir; et, à moins que de cela, c'est agir contre la vraie raison que de renoncer, sur une espérance si incertaine, au bien certain qu'apporte la souffrance humble et paisible.

On peut dire en général, à l'égard du silence, qu'il faut des raisons pour parler, mais qu'il n'en faut point pour se taire : c'est-à-dire qu'il suffit, pour être obligé au silence, de n'avoir pas d'engagement à parler. Mais cette maxime se peut encore appliquer avec plus de raison à ce silence qui étouffe les plaintes. Il faut des raisons très-fortes et très-évidentes pour se plaindre ; mais pour ne se plaindre pas, il suffit de ne pas être dans une nécessité évidente de se plaindre.

Quelles dettes remettrons-nous à nos frères, si nous exigeons d'eux par nos plaintes tout ce qu'ils nous peuvent devoir, et si nous nous vengeons d'eux pour les moindres fautes qu'ils commettent contre nous, en les faisant condamner par tous ceux que nous pouvons? Comment pourrons-nous demander à Dieu avec quelque confiance qu'il nous remette nos offenses, si nous n'en remettons aucune de celles que nous croyons qu'on nous fait?

Il n'y a rien au contraire de plus utile que de supprimer ainsi ses plaintes et son ressentiment. C'est le meilleur moyen d'obtenir de Dieu qu'il ne nous traite pas selon la rigueur de sa justice, et qu'il n'entre pas, comme dit l'Écriture, en jugement avec nous [1]. C'est la voie la plus sûre d'assoupir les différends dans leur naissance et d'empêcher qu'ils ne s'aigrissent. C'est une charité qu'on pratique envers soi-même, en se procurant le bien de la patience, en ne s'attirant pas la réputation de délicat et de pointilleux, en s'épargnant la peine que l'on ressent, lorsque l'adresse des hommes à se justifier fait que l'on nous donne ouvertement le tort dans les choses où nous croyons avoir raison. C'est une charité que l'on fait aux autres en les souffrant dans

[1] Ps. 142. 2.

leurs foiblesses, et en leur épargnant, et la petite confusion qu'ils ont méritée, et les nouvelles fautes qu'ils feroient peut-être en se justifiant et en chargeant de nouveau ceux à qui ils ont déjà donné sujet de se plaindre. Enfin c'est ordinairement le meilleur moyen de les gagner, l'exemple de notre patience étant bien plus capable que nos plaintes, de leur changer le cœur envers nous. Car les plaintes ne peuvent tout au plus que leur faire corriger l'extérieur, qui est peu de chose ; et elles augmentent plutôt l'aversion intérieure qui produit les choses dont nous nous plaignons.

Que perdons-nous en faisant résolution de ne nous point plaindre? Rien du tout, je dis même pour ce monde. On n'en dira pas davantage de nous. Au contraire, sitôt que l'on s'apercevra de notre retenue, on sera moins porté à en médire. On ne nous en traitera pas plus mal. On nous en aimera davantage. Tout se réduira à quelques incivilités, et à quelques discours injustes auxquels nous ne remédierions pas en nous plaignant. Cette maligne satisfaction que nous recevons en communiquant notre mécontentement aux autres par nos plaintes vaut-elle la peine de nous priver du trésor que nous pouvons acquérir par l'humilité et par la patience ?

Le temps le plus propre pour nous confirmer dans cette résolution, c'est lorsqu'il nous arrive de nous échapper en quelques plaintes ; car nous ne reconnoissons jamais mieux la vanité et le néant de ce plaisir que nous y avions cherché. C'est alors qu'il faut que nous nous disions à nous-mêmes : c'est donc pour cette vaine satisfaction que nous nous sommes privés du bien inestimable de la patience et de la récompense que nous en pouvions espérer de Dieu ? A quoi nous ont servi nos plaintes, et que nous en revient-il ? Nous avons tâché de faire condamner par les hommes ceux dont nous nous sommes plaints, et peut-être ils n'ont condamné que nous : mais ce qui est certain, est que Dieu nous a condamnés de malignité, d'impatience et de peu d'estime des biens du ciel. Avant ces plaintes nous avions quelque avantage sur ceux qui nous avoient offensés : mais en nous plaignant, nous nous sommes mis au-dessous d'eux, parce que nous avons sujet de croire que la faute que nous avons commise contre Dieu est plus grande que toutes celles que les hommes peuvent faire contre nous. Ainsi nous nous sommes fait beaucoup plus de tort que nous n'en pouvions recevoir par les petites injustices des hommes. Car elles ne nous pouvoient priver que de choses peu considérables, au lieu que l'injustice que nous nous faisons à nous-mêmes par ces plaintes d'impatience, nous prive du bien éternel qui est attaché à chaque bonne action. Nous avons donc infiniment plus de sujet de nous plaindre de nous-mêmes que des autres.

Ces considérations peuvent beaucoup servir pour réprimer l'inclination que nous avons à nous décharger le cœur par des plaintes, et pour nous régler extérieurement dans nos paroles. Mais il n'est pas possible que nous demeurions longtemps dans cette retenue, si nous laissons agir au dedans notre ressentiment dans toute sa force et toute sa violence. Les plaintes extérieures viennent des intérieures, et il est bien difficile de les retenir quand on en a le cœur rempli. Elles échappent toujours et se font ouverture par quelque endroit.

Outre que la principale fin de la modération extérieure, étant de nous procurer la paix intérieure, il serviroit peu de paroître modéré et patient au dehors, si tout étoit au dedans dans le désordre et dans le tumulte. Il faut donc tâcher d'étouffer aussi bien ces plaintes que l'âme forme en elle-même, et dont elle est l'unique témoin, que celles qui éclatent devant les hommes : et le seul moyen de le faire est de se dépouiller de l'amour des choses qui les excitent. Car enfin on ne se plaint point pour des choses qui sont absolument indifférentes.

Les sujets de plaintes sont infinis, puisqu'ils comprennent tout ce que nous pouvons aimer, et en quoi les hommes nous peuvent nuire ou déplaire. On les peut néanmoins réduire à quelques chefs généraux, comme le mépris, les jugements injustes, les médisances, l'aversion, l'incivilité, l'indifférence ou l'inapplication, la réserve ou le manque de confiance, l'ingratitude, les humeurs incommodes.

Nous haïssons naturellement toutes ces choses, parce que nous aimons celles qui y sont contraires, savoir, l'estime et l'amour des hommes, la civilité, l'application à ce qui nous regarde, la confiance, la reconnoissance, les humeurs douces et commodes. Ainsi, pour se délivrer de l'impression que font sur notre esprit ces objets de notre haine, il faut travailler à nous délivrer de l'attache que nous avons aux objets contraires. Il n'y a que la grâce qui le puisse faire. Mais comme la grâce se sert des moyens humains, il n'est pas inutile de se remplir l'esprit des considérations qui nous découvrent la vanité de ces objets de notre attachement. Et c'est la vue que nous avons dans les réflexions suivantes, que nous ferons sur les causes ordinaires de nos plaintes, en commençant par l'amour de l'estime et de l'approbation des hommes.

CHAPITRE II.

VANITÉ ET INJUSTICE DE LA COMPLAISANCE QUE L'ON PREND DANS LES JUGEMENTS AVANTAGEUX QU'ON PORTE DE NOUS.

Rien ne fait plus voir combien l'homme est profondément plongé dans la vanité, dans l'injustice et dans l'erreur, que la complaisance que nous sentons, lorsque nous nous apercevons qu'on juge avantageusement de nous et qu'on nous estime : parce que, d'une part, la lumière qui nous reste, tout aveugle qu'elle est, ne l'est point à cet égard, et qu'elle nous convainc clairement que cette passion est vaine, injuste et ridicule; et que, de l'autre, tout convaincus que nous en sommes, nous ne la saurions étouffer, et nous la sentons toujours vivante au fond de notre cœur. Il est bon néanmoins d'écouter souvent ce que la raison nous dit sur ce sujet. Si cela n'est pas capable d'éteindre entièrement cette malheureuse pente, c'est assez au moins pour nous en donner de la honte et de la confusion, et pour en diminuer les effets.

Il y a peu de gens assez grossièrement vains pour aimer des louanges visiblement fautes, et il ne faut qu'avoir un peu d'honnêteté pour n'être pas bien aise que l'on se trompe tout à fait sur notre sujet. C'est une sottise, par exemple, dont peu de personnes sont capables, que d'aimer à passer pour savant dans une langue que l'on n'a jamais étudiée, ou pour habile dans les mathématiques, lorsque l'on n'y sait rien du tout. On auroit peine à ne pas ressentir quelque confusion intérieure d'une vanité si basse. Mais pour peu de fondement qu'ait cette estime, nous la recevons avec une complaisance qui nous convainc à peu près de la même bassesse et de la même mauvaise foi. Car pour en donner quelque image, que diroit-on d'un homme qui, se trouvant frappé et défiguré depuis les pieds jusqu'à la tête, d'un mal horrible et incurable, sans avoir rien de sain qu'une petite partie du visage, et sans savoir même si cette partie ne seroit point corrompue au dedans, l'exposeroit à la vue en cachant tout le reste, et se verroit louer avec plaisir de la beauté de cette partie? On diroit sans doute que l'excès de cette vanité approcheroit de la folie. Cependant ce n'est qu'un portrait de la nôtre, et qui ne la représente pas encore dans toute sa difformité. Nous sommes pleins de défauts, de péchés, de corruption. Ce que nous avons de bon est fort peu de chose, et ce peu de chose est souvent gâté et corrompu par mille vues et mille retours d'amour-propre. Et néanmoins s'il arrive que des gens qui ne voient pas la plupart de nos défauts, regardent avec quelque estime ce peu de bien qui paroît en nous, qui est peut-être tout corrompu, ce jugement, tout aveugle et tout mal fondé qu'il est, ne laisse pas de nous flatter.

Je dis que cette image ne représente pas notre vanité dans toute sa difformité. Car celui qui, se trouvant frappé d'un mal si étrange, se plairoit dans l'estime que l'on feroit de la beauté de cette partie saine, seroit sans doute vain et ridicule, mais au moins il ne seroit pas aveugle, et ne laisseroit pas de connoître son état. Mais notre vanité est jointe à l'aveuglement. En cachant aux autres nos défauts, nous tâchons de nous les cacher à nous-mêmes, et c'est à quoi nous réussissons le mieux. Nous ne voulons être vus que par ce petit endroit que nous considérons comme exempt de défaut, et nous ne nous regardons nous-mêmes que par là.

Qu'est-ce donc que cette estime qui nous flatte ? Un jugement fondé sur la vue d'une petite partie de nous-mêmes, et sur l'ignorance de tout le reste. Et qu'est-ce que cette complaisance ? Une vue de nous-mêmes pleine d'aveuglement, d'erreur, d'illusion, dans laquelle nous ne nous considérons que par un petit endroit, en oubliant toutes nos misères et toutes nos plaies.

Mais qu'y a-t-il de si agréable et de si digne de notre attache dans ces jugements ? Interrogeons-nous nous-mêmes, ou plutôt, interrogeons notre propre expérience, elle nous dira qu'il n'y a rien de plus vain et de moins durable que cette estime. Celui qui nous aura approuvé dans quelque rencontre particulière n'en sera pas moins disposé à nous rabaisser dans une autre. Souvent cette estime même en sera la cause, parce qu'elle excite plutôt la jalousie que l'affection. Après avoir tiré de la bouche des hommes quelques louanges vaines et stériles, ils nous préféreront les derniers des hommes qui seront plus dans leurs intérêts. Ils empoisonneront les témoignages qu'ils ne pourront refuser à ce que nous avons de bon, de la remarque maligne de nos défauts. Ils estimeront en nous ce qu'il y a de moins estimable, et ils y condamneront ce qui méritera d'y être estimé. De bonne foi, ne faut-il pas avoir une extrême bassesse de cœur, ou une petitesse d'esprit bien étrange, pour se plaire à un objet si vain et si méprisable?

Supposons même l'estime la plus judicieuse et la plus sincère que nous puissions nous imaginer et que notre vanité puisse souhaiter; relevons-la par la qualité des personnes, par leur esprit et par tout ce qui peut le plus servir à flatter l'inclination que nous y avons; qu'y a-t-il d'aimable et de solide en tout cela, à ne regarder cette estime qu'en elle-même? C'est un regard de ces personnes vers nous, qui suppose que nous avons quelque bien, mais qui ne l'y met pas, et qui n'y ajoute rien. Il nous laisse tels que nous sommes, et ainsi il nous est entièrement inutile. Ce regard ne subsiste qu'autant qu'il s'applique à nous; et cette application est rare. Tel de ceux dont l'estime nous flatte ne pensera pas à nous deux fois l'an; et quand il y pensera, il y pensera peu, en nous oubliant le reste du temps.

Ce regard d'estime est de plus un bien si fragile, que mille rencontres nous le peuvent faire perdre, sans qu'il y ait même de notre faute. Un faux rapport, une inadvertance, une petite bizarrerie effacera toute cette estime, ou la rendra plus nuisible qu'avantageuse; car quand l'estime est jointe à l'aversion, elle ne fait qu'ouvrir les yeux pour remarquer les défauts, et le cœur pour recevoir favorablement tout ce qu'on entend dire contre ceux que l'on estime et que l'on hait, parceque l'on hait même cette estime, et que l'on est bien aise de s'en délivrer comme d'une chose dont on se trouve chargé.

Si nous ne voyons point ce regard d'estime dans l'esprit des autres, il est à notre égard comme s'il n'étoit point. Si nous le voyons, c'est un objet dangereux pour nous, dont la vue nous peut ravir le peu de vertu que nous avons. Quel est donc ce bien qui ne sert de rien quand on ne le voit pas, et qui nuit quand on le voit, et qui a tout ensemble toutes ces qualités d'être vain, inutile, fragile, dangereux?

CHAPITRE III.

QU'ON N'A PAS DROIT DE S'OFFENSER DU MÉPRIS NI DES JUGEMENTS DÉSAVANTAGEUX QU'ON FAIT DE NOUS.

Si nous n'aimions point l'approbation des hommes, nous serions peu sensibles à tous les discours désavantageux qu'ils pourroient faire de nous, puisque l'effet n'en seroit tout au plus que de nous priver d'une chose qui nous seroit indifférente. Mais parce qu'il y en a qui s'imaginent qu'encore qu'il ne soit pas permis de désirer l'estime, on a sujet néanmoins de s'offenser du mépris et de la médisance, il est bon d'examiner ce qu'il y a de réel dans ces objets qui irritent si fort nos passions.

Pour reconnoître donc combien notre délicatesse est injuste sur ce point, et que tous les sentiments qu'elle excite en nous sont contraires à la vraie raison, et ne naissent pas tant des objets mêmes que de la corruption de notre cœur, il ne faut que considérer que ces jugements et ces discours qui nous blessent peuvent être de trois sortes : car ils sont ou absolument vrais, ou absolument faux, ou vrais en partie et en partie faux. Or, dans toutes ces trois diverses espèces, le ressentiment que nous en avons est également injuste.

Si ces jugements sont vrais, n'est-ce pas une chose horrible de ne se mettre pas en peine que nos défauts soient connus de Dieu, et de ne pouvoir souffrir qu'ils le soient des hommes? Et peut-on témoigner plus visiblement que l'on préfère ces hommes à Dieu? N'est-ce pas le comble de l'injustice que de reconnoître que nos péchés méritent une éternité de supplices, et de ne pas accepter avec joie une peine aussi légère que l'est la petite confusion qu'ils nous attirent devant les hommes?

Cette connoissance que les hommes ont de nos fautes et de nos misères ne les augmente pas; elle seroit capable, au contraire, de les diminuer si nous la souffrions humblement.

C'est donc une folie toute visible de n'avoir aucun sentiment des maux réels que nous nous faisons nous-mêmes, et de sentir si vivement des maux imaginaires qui ne nous peuvent faire que du bien ! Et cette sensibilité n'est qu'une preuve évidente de la grandeur de notre aveuglement, qui doit nous apprendre que ce que les autres connoissent de nos défauts n'en est qu'une bien petite partie.

Que si ces jugements et ces discours sont faux et mal fondés, le ressentiment que nous en avons n'en est guère moins déraisonnable et moins injuste. Car pourquoi le jugement de Dieu qui nous justifie ne suffit-il pas pour nous faire mépriser celui des hommes [1] ? Pourquoi ne fait-il pas sur nous le même effet que l'approbation de nos amis et de ceux que nous estimons, qui suffit ordinairement pour nous consoler de ce que les autres peuvent penser ou dire contre nous ? Pourquoi la raison qui nous fait voir que ces discours ne nous peuvent

[1] Rom. 8. 33.

nuire, qu'ils ne font aucun mal par eux-mêmes ni à notre âme ni à notre corps, qu'ils nous peuvent même être très-utiles, a-t-elle si peu de pouvoir sur notre cœur, qu'elle ne nous puisse faire surmonter une passion si vaine et si déraisonnable ?

Nous ne nous mettons pas en colère lorsque l'on s'imagine que nous avons la fièvre quand nous sommes assurés de ne pas l'avoir. Pourquoi donc s'aigrit-on contre ceux qui croient que nous avons commis des fautes que nous n'avons point commises, ou qui nous attribuent des défauts que nous n'avons pas, puisque leur jugement peut encore moins nous rendre coupables de ces fautes, et nous donner ces défauts, que la pensée d'un homme qui croit que nous avons la fièvre n'est capable de nous la donner effectivement ?

C'est, dira-t-on, qu'on ne méprise pas une personne qui a la fièvre, et que c'est un mal qui ne nous rend pas vils aux yeux du monde : et qu'ainsi le jugement de ceux qui nous l'attribuent ne nous blesse pas ; mais que ceux qui nous imputent des défauts spirituels y joignent ordinairement le mépris et causent la même idée et le même mouvement dans les autres.

C'est en effet la véritable cause de ce sentiment ; mais cette cause n'en fait que mieux connoître l'injustice ; car si nous nous faisions justice à nous-mêmes, nous reconnoîtrions sans peine que ceux qui nous attribuent des défauts que nous n'avons pas ne nous en attribuent pas aussi un grand nombre d'autres que nous avons effectivement ; et qu'ainsi nous gagnons à tous ces jugements dont nous nous plaignons, quelque faux qu'ils soient. Les jugements des hommes nous seroient infiniment moins favorables s'ils étoient entièrement conformes à la vérité, et si ceux qui les font connoissoient tous nos véritables maux. S'ils nous font donc quelque petite injustice, ils nous font grâce en mille manières, et nous ne voudrions pour rien qu'ils nous traitassent avec une exacte justice.

Mais nous sommes si déraisonnables et si injustes, que nous voulons profiter de l'ignorance des hommes. Nous ne pouvons souffrir qu'ils nous ôtent rien de ce que nous croyons avoir, et nous voulons conserver dans leur esprit la réputation de beaucoup de bonnes qualités que nous n'avons pas. Nous nous plaignons de ce qu'ils croient voir en nous des défauts qui n'y sont pas, et nous comptons pour rien de ce qu'ils n'y voient pas une infinité de défauts qui y sont réellement, comme si le bien et le mal ne consistoient que dans l'opinion des hommes.

Si nous n'avons donc aucun sujet de nous plaindre, ni des jugements véritables ni même des faux, nous n'en avons point par conséquent de nous offenser de ceux qui sont vrais en partie et en partie faux. Cependant, par le plus injuste partage qu'on se puisse imaginer, nous nous blessons de ce qu'ils ont de faux, et nous ne nous humilions point de ce qu'ils ont de véritable. Et au lieu qu'il faudroit étouffer le ressentiment que nous avons de ce qu'ils ont de faux et d'injuste, par celui que nous devrions avoir de ce qu'ils ont de vrai, nous étouffons au contraire, par le vain sentiment que nous avons de quelque fausseté et de quelque injustice qui y est mêlée, celui que nous devrions avoir de ce qu'ils ont de réel et de solide.

CHAPITRE IV.

QUE LA SENSIBILITÉ QUE NOUS ÉPROUVONS A L'É-
GARD DES DISCOURS ET DES JUGEMENTS DÉS-
AVANTAGEUX QUE L'ON FAIT DE NOUS VIENT DE
L'OUBLI DE NOS MAUX. QUELQUES REMÈDES DE
CET OUBLI ET DE CETTE SENSIBILITÉ.

Je ne prétends pas que ces considérations suffisent pour nous corriger de notre injustice, mais elles peuvent au moins nous en convaincre; et c'est quelque chose que d'en être convaincu. Car il y a toujours dans toutes ces plaintes intérieures, et dans ce dépit que nous ressentons des jugements et des discours qu'on fait de nous, un oubli de nos défauts et de nos misères véritables; puisqu'il est impossible que ceux qui les connoîtroient dans leur grandeur réelle, et qui en auroient le sentiment qu'ils devroient, pussent s'occuper des discours et des jugements des hommes. Un homme chargé de dettes, accablé de procès, de pauvreté, de maladies, ne pense guère à ce que l'on peut dire de lui. La réalité de ses maux véritables ne lui permet pas de s'appliquer à ces maux imaginaires.

Aussi le vrai remède de cette délicatesse qui nous rend si sensibles à ce que l'on dit de nous est de nous appliquer fortement à nos maux spirituels, à nos foiblesses, à nos dangers, à notre pauvreté et au jugement que Dieu fait de nous, et qu'il nous fera connoître à l'heure de notre mort. Si ces pensées étoient aussi vives et aussi continuelles dans notre esprit qu'elles y devroient être, il seroit malaisé que les réflexions sur les jugements des hommes y pussent trouver entrée, ou du moins qu'elles l'occupassent tout entier, et le remplissent de dépit et d'amertume comme elles font si souvent.

Il est utile pour cela de comparer les jugements des hommes avec celui de Dieu, et d'en considérer les diverses qualités. Les jugements des hommes sont souvent faux, injustes, incertains, téméraires, et toujours inconstants, inutiles, impuissants. Soit qu'ils nous approuvent ou nous désapprouvent, ils ne changent rien à ce que nous sommes, et ne nous rendent en effet ni plus heureux ni plus malheureux. Mais c'est du jugement que Dieu portera de nous que dépend tout notre mal. Ce jugement est toujours juste, toujours véritable, toujours certain et inébranlable : les effets en sont éternels. Quelle plus grande folie peut-on donc s'imaginer que de n'appliquer son esprit qu'à ces jugements humains qui nous importent si peu, et d'oublier celui de Dieu d'où dépend tout notre bonheur!

On prétend souvent colorer envers soi-même le dépit intérieur que ces jugements désavantageux nous causent, d'un prétexte de justice, en s'imaginant que nous n'en sommes blessés que parce qu'ils sont injustes, et que ceux qui les font ont tort. Mais si cela étoit, nous serions aussi touchés des jugements injustes que l'on fait des autres que de ceux que l'on fait de nous; et comme cela n'est pas, c'est se flatter que de ne pas voir que c'est l'amour-propre qui produit ce dépit que nous sentons dans les choses qui nous regardent. Ce n'est pas l'injustice en soi qui nous blesse, c'est d'en être l'objet. Qu'on lui en donne un autre, notre ressentiment cessera, et nous nous contenterons de désapprouver tranquillement et sans émotion cette même injustice qui nous donnoit tant d'indignation.

Cependant, si nous raisonnions plus juste, nous trouverions que ces jugements désavantageux ne nous regardent point proprement, et que c'est le hasard et non le choix qui les détermine à nous avoir pour objet. Car il faut que ceux qui jugent ainsi de nous aient été frappés par quelques apparences qui les y aient portés. Et quoique ces apparences fussent trop légères, puisque nous supposons que ces jugements sont faux, il est pourtant vrai que ces personnes avoient l'esprit disposé à former ces jugements sur ces apparences; de sorte qu'ils ne sont nés que de la rencontre de ces apparences avec leur mauvaise disposition. Elles auroient produit le même effet s'ils les avoient vues en quelque autre. Ainsi nous ne devons point croire que ces jugements nous regardent en particulier ; nous devons seulement supposer que ces gens étoient disposés à juger mal de toute personne qui les frapperoit par telles ou telles apparences. Le hasard a voulu que ce fût nous. Mais cette mauvaise disposition et cette légèreté d'esprit qui produit les jugements téméraires n'étoit pas moins indifférente d'elle-même qu'une pierre jetée en l'air, qui blesse celui sur qui elle tombe, non pas par choix et parce qu'il est un tel homme, mais parce qu'il s'est rencontré au lieu où elle devoit tomber.

Il y a de plus une bizarrerie ridicule dans le dépit que nous avons des jugements et des discours désavantageux qu'on a faits de nous. Car il faut avoir peu de connoissance du monde pour n'être pas persuadé qu'il est impossible qu'on n'en fasse. On médit des princes dans leurs antichambres. Leurs domestiques les contrefont. On parle des défauts de ses amis, et on se fait une espèce d'honneur de les reconnoître de bonne foi. Il y a même des occasions où l'on le peut faire innocemment. Quoi qu'il en soit, il est certain que le monde est en possession de parler librement des défauts des autres en leur absence. Les uns le font par malignité, les autres bonnement ; mais il y en a peu qui ne le fassent. Il est donc ridicule de se promettre d'être le seul au monde qu'on épargnera ; et si ces jugements et ces discours nous mettent en colère, nous n'en devons jamais sortir. Car il n'y a point de temps où nous ne devions nous tenir assurés en général, ou qu'on parle, ou qu'on a parlé de nous autrement que nous ne voudrions. Mais parce qu'une colère continuelle nous incommoderoit trop, il nous plaît de nous l'épargner sans raison, et d'attendre à nous fâcher qu'on nous rapporte ce qui se dit de nous, et qu'on nous marque ceux qui en parlent. Cependant ce rapport n'y ajoute presque rien, et avant qu'on nous l'eût fait, nous devions nous tenir presque aussi assurés que l'on parloit de nous et de nos défauts que si l'on nous en eût déjà averti. Ce petit degré d'assurance que produit le rapport qu'on nous fait est bien peu de chose pour changer comme il fait l'état de notre âme.

Ainsi, de quelque manière que l'on considère cette sensibilité que nous éprouvons en ces rencontres, on trouvera qu'elle est toujours ridicule et contraire à la raison.

CHAPITRE V.

QU'IL EST INJUSTE DE VOULOIR ÊTRE AIMÉ
DES HOMMES.

Quand on désire d'être aimé des hommes, et que l'on est fâché d'en être haï, à cause que cela sert ou nuit à nos desseins, ce n'est pas proprement vanité ni dépit, c'est intérêt bon ou mauvais, juste ou injuste. Et ce n'est pas ce que nous considérons ici, où nous n'examinons que l'impression que font par eux-mêmes dans nos cœurs les sentiments d'amour ou de haine qu'on a pour nous ; la seule vue de ces objets n'étant en effet que trop capable de nous plaire ou de nous troubler sans que nous en considérions les suites. Car comme l'estime que nous avons pour nous-mêmes est jointe à un amour tendre et sensible, nous ne désirons pas seulement que les hommes nous approuvent, nous voulons aussi qu'ils nous aiment; et leur estime ne nous satisfait nullement, si elle ne se termine à l'affection. C'est pourquoi rien ne nous choque tant que l'aversion, ni n'excite en nous de plus vifs ressentiments. Mais quoiqu'ils nous soient devenus naturels depuis le péché, ils ne laissent pas d'être injustes, et nous ne sommes pas moins obligés de les combattre; ce qu'on peut faire par des réflexions peu différentes de celles que nous avons proposées contre l'amour de l'estime.

La recherche de l'amour des hommes est injuste, puisqu'elle est fondée sur ce que nous nous jugeons nous-mêmes aimables, et qu'il est faux que nous le soyons. Elle naît d'aveuglement et d'une ignorance volontaire de nos défauts. Un homme accablé de maux et dans l'indigence se contenteroit bien que l'on eût de la charité pour lui, et qu'on le souffrît. Nous n'en demanderions pas davantage si nous connoissions bien notre état, et nous le connoîtrions si nous ne nous aveuglions point volontairement.

Quiconque sait qu'il mérite que toutes les créatures s'élèvent contre lui peut-il prétendre que ces mêmes créatures le doivent aimer? Au lieu donc que nous regardons l'amour des hommes comme nous étant dû, et leur aversion comme une injustice qu'ils nous font, nous devrions regarder au contraire leur aversion comme nous étant due, et leur affection comme une grâce que nous ne méritons pas.

Mais s'il est injuste en général de se croire digne d'être aimé, il l'est encore beaucoup plus de vouloir être aimé par la force. Rien n'est plus libre que l'amour, et on ne doit pas prétendre de l'obtenir par des reproches ni par des plaintes. C'est peut-être par notre faute que l'on ne nous aime pas ; c'est peut-être aussi par la mauvaise disposition des autres ; mais ce qui est certain, c'est que la force et la colère ne sont pas des moyens pour se faire aimer.

Nous ne prenons pas garde, de plus, que ce n'est pas proprement sur nous que tombe cette aversion : car la source de toutes les aversions est la contrariété qui se rencontre entre la disposition où l'on est et ce que l'on croit voir dans les autres. Or cette disposition agit contre tous ceux en qui cette contrariété paroît. Quand il arrive donc, ou que nous avons en effet ces qualités qui sont l'objet de l'aversion de certaines personnes, ou que nous ne nous montrons à eux que par des endroits qui leur donnent lieu de nous les attribuer, nous ne devons point nous étonner que leur disposition fasse son effet contre nous, elle l'auroit fait de même contre tout autre ; et ce n'est pas proprement nous qu'ils haïssent, c'est cet homme en général qui a telles et telles qualités qui les choquent.

On hait, en général, les avares, les gens intéressés, les présomptueux. On croit en particulier que nous le sommes; cette aversion générale agit donc contre nous. Qu'est-ce qui nous blesse en cela? Est-ce cette aversion générale ? Mais elle est juste en quelque manière : car un homme en qui ces défauts se rencontrent mérite qu'on ait quelque espèce d'aversion pour lui. Est-ce le jugement que l'on fait de nous ? Mais ce jugement est formé sur quelques apparences qui peuvent être légères à la vérité, mais qui ne laissent pas d'emporter l'esprit de ceux qui les voient. Nous devons donc les plaindre de leur légèreté et de leur foiblesse, au lieu de nous plaindre de leur injustice.

Quand les hommes nous aiment, ce n'est pas nous proprement qu'ils aiment, leur amour n'étant fondé que sur ce qu'ils nous attribuent des qualités que nous n'avons pas, ou qu'ils ne voient pas en nous des défauts que nous avons. Ils en font de même quand ils nous haïssent. Ce que nous avons de bon ne leur paroît point alors, et ils ne voient que nos défauts. Or nous ne sommes ni cette personne sans défauts, ni cette personne qui n'a rien de bon. Ce n'est donc pas tant nous qu'un fantôme qu'ils haïssent : et ainsi nous avons tort, et de nous satisfaire de leur amour, et de nous offenser de leur haine.

Mais quand cet amour ou cette haine

nous regarderoient directement dans notre être véritable, que nous en revient-il de bien ou de mal, à ne considérer, comme nous avons dit, ces sentiments qu'en eux-mêmes ? Ce ne sont que des vapeurs passagères qui se dissipent d'elles-mêmes en moins de rien, les hommes étant incapables de s'arrêter longtemps à un même objet. Quand elles subsisteroient, elles n'auroient aucun pouvoir par elles-mêmes de nous rendre plus heureux ni plus malheureux. Ce sont des choses entièrement séparées de nous, qui n'ont sur nous aucun effet, à moins que notre âme ne s'y joigne, et que, par une imagination fausse et trompeuse, elle ne les prenne pour des biens ou pour des maux. Qu'on unisse ensemble l'amour de toutes les créatures, et qu'on le rende le plus ardent et le plus tendre qu'on se le puisse imaginer, il n'ajoutera point le moindre degré de bonheur ni à notre âme ni à notre corps. Et si notre âme s'y amuse, bien loin d'en devenir meilleure, elle en deviendra pire par la vanité qu'elle en concevra. Qu'on unisse de même contre nous l'aversion de tous les hommes ensemble, elle ne sauroit diminuer le moindre de nos véritables biens, qui sont ceux de l'âme. Cette seule considération de l'impuissance de l'amour et de la haine des créatures à nous servir ou à nous nuire ne devroit-elle pas suffire pour nous y rendre indifférents ?

Quelle liberté seroit celle d'un homme qui ne se soucieroit point d'être aimé, qui ne craindroit point d'être haï, et qui feroit néanmoins par d'autres motifs tout ce qui est nécessaire pour être aimé et pour n'être point haï ? qui serviroit les autres sans en attendre de récompense, non pas même celle de leur affection, et qui feroit toujours son devoir envers eux indépendamment de leur disposition envers lui? qui ne se proposeroit, dans les offices qu'il leur rendroit, qu'un objet stable et permanent, qui est d'obéir à Dieu sans aucune vue des créatures, qui ne peuvent que diminuer la récompense qu'il doit attendre de Dieu?

Qui pourroit haïr un homme de cette sorte, et même s'empêcher de l'aimer? Il arriveroit donc qu'en ne craignant point la haine des hommes, il l'éviteroit; et que, sans rechercher leur amour, il ne laisseroit pas de se l'acquérir; au lieu que ceux que la passion qu'ils ont d'être aimés rend si sensibles à l'aversion ne font d'ordinaire que se l'attirer par cette délicatesse incommode.

CHAPITRE VI.

QU'IL EST INJUSTE DE NE POUVOIR SOUFFRIR L'INDIFFÉRENCE. QUE L'INDIFFÉRENCE DES AUTRES ENVERS NOUS NOUS EST PLUS UTILE QUE LEUR AMOUR.

Il y a encore quelque chose de plus déraisonnable quand nous nous offensons de ce que les autres ont de l'indifférence pour nous. Car s'il étoit à notre choix de leur imprimer tels sentiments que nous voudrions, ce seroit celui-là proprement que notre véritable intérêt nous devroit faire choisir. Leur amour est un objet dangereux, qui attire notre cœur et qui l'empoisonne par une douceur mortelle. Leur haine est un objet irritant qui nous met en danger de perdre la charité ; mais l'indifférence est un milieu très-proportionné à notre état et à notre foiblesse, et qui nous laisse la liberté d'aller à Dieu sans nous détourner vers les créatures.

Tout amour des autres pour nous est une espèce de lien et d'engagement, non-seulement parce que la concupiscence nous y attache et que nous craignons de le perdre, mais aussi parce qu'il produit certains devoirs dont il est difficile de se bien acquitter. Comme il ouvre leur cœur pour nous, il nous oblige d'user de cette ouverture pour leur bien spirituel, et cet usage n'est pas facile. Il est vrai que c'est un grand bien quand on le sait ménager : mais c'est un bien qu'il ne faut pas souhaiter, parce qu'il est accompagné de trop de dangers. On s'arrête d'ordinaire à cette affection, on s'y plaît, on craint de la perdre : et bien loin que ce nous soit une occasion de porter les autres à Dieu, c'en est souvent une de nous en détourner nous-mêmes, et de nous amollir en nous faisant entrer dans leurs passions.

Mais, dit-on, pourquoi cette personne a-t-elle tant d'indifférence pour moi, puisque je n'en ai point pour elle? Pourquoi n'a-t-elle aucune application à ce qui me touche, puisque je m'applique avec tant de soin à ce qui peut la regarder? Ce sont les discours que l'amour-propre forme dans le cœur des gens sensibles et qui ont peu de vertu, mais dont il est aisé de découvrir l'injustice.

Si notre unique fin dans la complaisance que nous avons eue pour les hommes a été de les attacher à nous, et de faire qu'ils nous traitassent de la même sorte, nous méritons bien d'être privés d'une si vaine récompense.

Mais si nous avons eu un autre but, si nous ne nous sommes appliqués aux hommes que pour obéir à Dieu, cette application ne porte-t-elle pas sa récompense avec elle-même, et pourrons-nous en exiger une autre sans injustice?

Il est vrai qu'il peut y avoir de la faute dans l'application et l'indifférence des autres pour nous; mais c'est Dieu et non pas nous que cette faute regarde. Elle leur nuit à eux, et non pas à nous. Elle nous peut donner sujet de les plaindre, mais non pas de nous plaindre d'eux. Et ainsi le ressentiment qui nous en reste est toujours injuste, puisqu'il n'a point d'autre objet que nous-mêmes.

CHAPITRE VII.

COMBIEN LE DÉPIT QU'ON RESSENT CONTRE CEUX QUI MANQUENT DE RECONNOISSANCE ENVERS NOUS EST INJUSTE.

Rien ne marque plus combien la foi est éteinte ou peu agissante dans les chrétiens, que ce dépit qu'ils ont quand on n'a pas pour eux toute la reconnoissance qu'on devroit, parce qu'il n'y a rien de plus opposé aux lumières de la foi.

S'ils regardoient comme ils doivent les services qu'ils rendent aux autres, ils les considéreroient comme des grâces qu'ils ont reçues de Dieu, et dont ils sont redevables à sa bonté ; et comme des œuvres qu'ils ont dû lui offrir et consacrer sans aucun égard aux créatures.

Ils regarderoient ceux à qui ils ont rendu ces services, comme leur ayant en quelque façon procuré ce bien ; et par conséquent ils croiroient qu'ils ont beaucoup plus reçu d'eux qu'ils ne leur ont donné.

Ils craindroient comme le plus grand des malheurs de recevoir en ce monde la récompense de ces œuvres, et d'être privés de celle qu'ils auroient reçue en l'autre, s'ils avoient regardé Dieu plus purement.

Ils reconnoîtroient que ces œuvres, telles qu'elles soient, ont été mêlées de plusieurs imperfections ; et qu'ainsi ils ont sujet de s'en humilier, et de désirer de s'en purifier par la pénitence.

Le moyen d'allier avec ces sentiments où la foi nous doit porter, ce dépit et ce chagrin que nous éprouvons quand les hommes manquent à ce que nous nous imaginons qu'ils nous doivent? N'est-ce pas faire voir au contraire que nous n'avons travaillé que pour les hommes, que nous n'avons regardé qu'eux, et qu'ainsi les œuvres dont nous nous glorifions sont un larcin que nous avons fait à Dieu, et dont il a droit de nous punir?

Si dans les services que nous avons rendus aux hommes nous n'avons eu que les hommes en vue, c'est un bien pour nous qu'ils en soient méconnoissants, parce que leur ingratitude nous peut servir à obtenir miséricorde de Dieu, si nous la souffrons comme il faut. Si nous n'avons regardé que Dieu, c'est encore un bien que les hommes ne nous en récompensent pas, parce que la vue que nous aurions de leur reconnoissance est plus capable que toute chose de diminuer ou d'anéantir la récompense que nous attendons de Dieu. De quelque manière que nous considérions donc la gratitude des hommes, nous trouverons que si c'est un bien pour eux, c'est un mal pour nous, et que leur ingratitude nous est infiniment plus avantageuse. Leur gratitude n'est capable que de nous ravir le fruit de nos meilleures actions, et d'augmenter le châtiment des mauvaises. Leur ingratitude nous conserve le fruit des bonnes, et nous peut servir à payer ce que nous devons à la justice de Dieu pour les mauvaises.

On ne feroit jamais cette injure à un prince qui auroit promis de grandes récompenses à ceux qui le serviroient, et qui s'offenseroit qu'on en attendît d'ailleurs que de lui, de préférer les caresses de quelques-uns de ses sujets aux biens solides qu'on auroit sujet d'espérer de lui. C'est néanmoins a manière dont nous agissons tous les jours envers Dieu. Il promet un royaume éternel aux services charitables qu'on rend au prochain ; mais il veut que l'on se contente de cette récompense, et que l'on n'en attende point d'autre. Cependant l'esprit de la plupart des hommes est continuellement occupé à examiner si l'on leur rend ce qu'on leur doit ; si ceux qu'ils ont servis sentent les obligations qu'ils leur ont, et s'ils s'acquittent ponctuellement des devoirs que les hommes ont établis pour marquer la reconnoissance.

Si l'on avoit donc les vrais sentiments que la foi doit inspirer, on seroit persuadé que comme Dieu nous fait une grande grâce lorsqu'il nous donne moyen de servir les autres, il nous en fait une autre qui n'est pas moindre, lorsqu'il permet que les hommes ne nous en témoignent pas la reconnoissance qu'ils devroient. Car c'est mettre ordre, en nous donnant un trésor inestimable, que ce trésor nous demeure, et qu'on ne nous le ravisse pas.

Mais notre joie doit être pleine et accomplie, lorsque nous avons lieu de croire que les personnes qui semblent manquer de reconnoissance envers nous sont d'elles-mêmes très-reconnoissantes, et que cela ne vient que de l'ignorance de l'obligation qu'elles nous ont. Car, quoiqu'il nous soit toujours réellement avantageux que les autres manquent de gratitude pour nous, néanmoins nous ne le devons pas souhaiter, parce que c'est ordinairement un mal pour eux. Mais il n'y a rien que de souhaitable, lorsque ce n'est un mal ni pour eux ni pour nous, et que sans qu'ils soient coupables d'ingratitude, ils ne nous mettent point en danger, par une reconnoissance humaine, de perdre la récompense que nous attendons de Dieu.

Il y a donc non-seulement beaucoup d'injustice dans cette attente de la reconnoissance des autres, mais aussi beaucoup de bassesse, et ce nous devroit être un grand sujet de confusion quand nous considérons pour quelles choses nous nous privons d'une récompense éternelle. Ces devoirs de reconnoissance que nous exigeons se réduisent le plus souvent à un simple compliment, ou à quelques civilités inutiles : et ce sont là les choses que nous préférons à Dieu et aux biens qu'il nous promet !

Souvent même nous sommes cause du défaut que nous imputons aux autres. Nous éteignons la gratitude dans leur cœur par la manière dont nous les servons, et nous avons presque toujours lieu de croire, quand nous voyons que l'on est moins reconnoissant pour nous que pour d'autres, qu'il y a quelque chose en nous qui n'attire pas la reconnoissance. Mais soit que cela arrive par notre faute, ou par celle des autres, c'est toujours une foiblesse que de se piquer quand on ne nous rend pas des devoirs que nous voyons clairement ne nous pouvoir être que dangereux.

CHAPITRE VIII.

QU'IL EST INJUSTE D'EXIGER LA CONFIANCE DES AUTRES, ET QUE C'EST UN GRAND BIEN QUE L'ON N'EN AIT PAS POUR NOUS.

La confiance qu'on a pour nous étant une marque d'amitié et d'estime, ce n'est pas merveille si elle flatte notre amour-propre, et si la réserve de ceux que nous croyons devoir avoir ces sentiments pour nous le blesse et l'incommode. Mais la raison et la foi doivent nous donner des sentiments tout contraires, et nous persuader fortement que la réserve que les autres auront pour nous nous est beaucoup plus avantageuse que leur confiance.

Quand il n'y auroit point d'autre raison, sinon qu'il nous est utile d'être privés de ces petites satisfactions qui contentent et nourrissent notre vanité, elle nous devroit suffire pour nous porter à embrasser avec joie ces occasions d'une mortification spirituelle, qui nous pourroit être d'autant plus avantageuse, qu'elle combat plus directement la principale de nos passions. Mais il y en a encore plusieurs autres aussi solides et aussi importantes que celle-là. Et en voici quelques-unes.

Celui qui s'ouvre à nous, nous consulte en quelque sorte, et nous ne lui saurions parler après cela, sans prendre part à sa conduite, parce qu'il est comme impossible d'éviter que ce que nous dirons n'ait quelque rapport à ce qu'il nous aura découvert; et il ne se peut même que nous ne fassions par là quelque impression sur son esprit, parce qu'il est disposé par cette ouverture même à nous écouter et à nous croire. Or ce n'est pas un petit danger que d'être obligé de parler dans ces circonstances, parce qu'il faut beaucoup de lumière pour le pouvoir faire utilement, et pour soi et pour les autres. Souvent on ne fait qu'autoriser les gens dans leurs passions, parce qu'on est naturellement porté à ne les pas contrister, et l'on seconde ainsi le désir secret qu'ils ont de trouver des approbateurs de leur conduite, qui est ordinairement ce qui les porte à s'ouvrir.

Il y a peu de gens qui puissent recevoir l'effusion du cœur et de l'esprit des autres sans participer à leur corruption.

On entre insensiblement dans leurs passions, on se prévient contre ceux contre qui ils sont prévenus : et comme la confiance qu'ils ont pour nous nous porte à croire qu'ils ne voudroient pas nous tromper, nous embrassons leurs opinions et leurs jugements sans prendre garde qu'ils se trompent souvent les premiers. Et nous nous remplissons ainsi de toutes leurs fausses impressions.

On se charge souvent par là de diverses choses qu'il faut tenir secrètes : ce qui n'est pas un fardeau peu considérable, puisqu'il oblige à une application très-incommode pour ne se pas laisser surprendre, et qu'il met souvent au hasard de blesser la vérité. Et comme il arrive d'ordinaire que ces choses viennent à être sues par diverses voies, le soupçon en tombe naturellement sur ceux à qui on en a fait confidence.

On contracte même par la confiance et l'ouverture des autres pour nous quelque sorte d'obligation de s'ouvrir à eux, de s'y confier, parce qu'on les choque si on ne les traite comme on en est traité : au lieu que ceux qui agissent avec plus de réserve ne trouvent point mauvais qu'on en use de même à leur égard. Or cette obligation est souvent très-incommode, puisqu'on n'y sauroit manquer sans fâcher les gens, ni s'en acquitter sans se mettre en danger de leur nuire, ou de se nuire à soi-même, par l'abus qu'ils peuvent faire de ce qu'on leur découvre.

Enfin, si nous considérons de plus combien le plaisir que nous avons quand on se fie en nous est peu réel et plein de vanité ; combien il est injuste d'exiger des autres une chose qui doit être aussi libre que la découverte de ses secrets, et si nous nous faisons justice à nous-mêmes, en reconnoissant que puisque l'on n'a pas d'ouverture pour nous il faut qu'il y ait en nous quelque chose qui l'éloigne : il sera difficile que nous ne condamnions ces dépits intérieurs que la réserve nous cause, et que nous n'ayons honte de notre foiblesse.

CHAPITRE IX.

QU'IL FAUT SOUFFRIR SANS CHAGRIN L'INCIVILITÉ DES AUTRES. BASSESSE DE CEUX QUI EXIGENT LA CIVILITÉ.

La civilité nous gagne. L'incivilité nous choque. Mais l'une nous gagne, et l'autre nous choque, parce que nous sommes hommes, c'est-à-dire tous vains et tous injustes.

Il y a très-peu de civilités qui nous doivent plaire, même selon la raison humaine, parce qu'il y en a très-peu qui soient sincères et désintéressées. Ce n'est souvent qu'un jeu de paroles, et un exercice de vanité, qui n'a rien de véritable et de réel. Se plaire en cela, c'est se plaire à être trompé. Car ceux qui nous en témoignent le plus en apparence sont peut-être les premiers qui se moquent de nous sitôt qu'ils nous ont quittés.

La plus sincère et la plus véritable nous est toujours inutile, et même dangereuse. Ce n'est tout au plus qu'un témoignage qu'on nous aime et qu'on nous estime. Et ainsi elle nous présente deux objets qui flattent notre amour-propre, et qui sont capables de nous corrompre le cœur.

Toutes celles qu'on nous rend nous engagent à des servitudes fâcheuses. Car le monde ne donne rien pour rien. C'est un commerce et une espèce de trafic qui a pour juge l'amour-propre ; et ce juge oblige à une égalité réciproque de devoirs, et autorise les plaintes que l'on fait contre ceux qui y manquent.

Les civilités nous corrompent même souvent le jugement, parce qu'elles nous portent souvent à préférer ceux de qui nous les recevons à d'autres qui ont les qualités essentielles qui méritent notre estime.

Mais comme les civilités qu'on nous rend nous servent peu, l'incivilité nous fait peu de mal ; et ainsi c'est une foiblesse extrême que d'en être choqué. Ce n'est souvent qu'un défaut d'application, qui vient de ce que l'esprit est occupé à d'autres choses plus solides.

Et ceux qui sont les moins exacts en civilités sont souvent ceux qui ont plus de désirs effectifs de nous rendre des services réels et importants.

Quand même elle viendroit d'indifférence et même de peu d'affection, quel bien nous ôte-t-elle ? Quel mal est-ce qu'elle nous apporte ? Et comment pouvons-nous espérer que Dieu nous remette ces dettes immenses dont nous lui sommes redevables par les lois inviolables de la justice éternelle, si nous ne remettons pas aux hommes de petites déférences qu'ils ne nous doivent que par des établissements humains ?

Ce n'est pas que Dieu n'autorise ces établissements, et qu'ainsi on ne se doive de la civilité les uns aux autres, même selon la loi de Dieu, comme nous l'avons montré dans la première partie de ce Traité. Mais c'est une sorte de dette qu'il ne nous est jamais permis d'exiger.

Car ce n'est pas à notre mérite qu'on la doit, c'est à notre foiblesse. Et comme nous ne devons pas être foibles, et que c'est par notre faute que nous le sommes, notre premier devoir consiste à nous corriger de cette foiblesse : et nous n'avons jamais droit de nous plaindre de ce qu'on n'y a pas assez d'égard, et moins encore de souhaiter ce qui ne sert qu'à l'entretenir.

CHAPITRE X.

QU'IL FAUT SOUFFRIR LES HUMEURS INCOMMODES.

Ce n'est pas assez, pour conserver la paix et avec soi-même et avec les autres, de ne choquer personne et de n'exiger de personne ni amitié, ni estime, ni confiance, ni gratitude, ni civilité; il faut encore avoir une patience à l'épreuve de toutes sortes d'humeurs et de caprices. Car comme il est impossible de rendre tous ceux avec qui on vit, justes, modérés et sans défauts, il faudroit désespérer de pouvoir conserver la tranquillité de son âme si on l'attachoit à ce moyen.

Il faut donc s'attendre qu'en vivant avec les hommes, on y trouvera des humeurs fâcheuses, des gens qui se mettront en colère sans sujet, qui prendront les choses de travers, qui raisonneront mal, qui auront un ascendant plein de fierté, ou une complaisance basse et désagréable. Les uns seront trop passionnés, les autres trop froids. Les uns contrediront sans raison, d'autres ne pourront souffrir qu'on les contredise en rien. Les uns seront envieux et malins; d'autres insolents, pleins d'eux-mêmes, et sans égards pour les autres. On en trouvera qui croiront que tout leur est dû, et qui, ne faisant jamais réflexion sur la manière dont ils agissent envers les autres, ne laisseront pas d'en exiger des déférences excessives.

Quelle espérance de vivre en repos si tous ces défauts nous ébranlent, nous troublent, nous renversent, et font sortir notre âme de son assiette?

Il faut donc les souffrir avec patience et sans se troubler, si nous voulons posséder nos âmes [1], comme parle l'Écriture, et empêcher que l'impatience ne nous fasse échapper à tous moments, et ne nous précipite dans tous les inconvénients que nous avons représentés. Mais cette patience n'est pas une vertu bien commune. De sorte qu'il est bien

[1] Luc. 21. 19.

étrange qu'étant si difficile d'une part, et si utile de l'autre, on ait si peu de soin de s'y exercer, au même temps que l'on s'étudie à tant d'autres choses inutiles et de peu de fruit.

Un des principaux moyens de l'acquérir est de diminuer cette forte impression que les défauts des autres font sur nous. Et pour cela il est utile de considérer :

1. Que les défauts étant aussi communs qu'ils sont, c'est une sottise d'en être surpris, et de ne s'y pas attendre. Les hommes sont mêlés de bonnes et de mauvaises qualités. Il les faut prendre sur ce pied-là : et quiconque veut profiter des avantages que l'on reçoit de leur société doit se résoudre à souffrir en patience les incommodités qui y sont jointes.

2. Qu'il n'y a rien de plus ridicule que d'être déraisonnable parce qu'un

autre l'est, de se nuire à soi-même parce qu'un autre se nuit, et de se rendre participant de toutes les sottises d'autrui, comme si nous n'avions pas assez de nos propres défauts et de nos propres misères, sans nous charger encore des défauts et des misères de tous les autres. Or c'est ce que l'on fait en s'impatientant des défauts d'autrui.

3. Que quelque grands que soient les défauts que nous trouvons dans les autres, ils ne nuisent qu'à ceux qui les ont, et ne nous font aucun mal, à moins que nous n'en recevions volontairement l'impression. Ce sont des objets de pitié, et non de colère, et nous avons aussi peu de sujet de nous irriter contre les maladies de l'esprit des autres, que contre celles qui n'attaquent que le corps. Il y a même cette différence, que nous pouvons contracter les maladies du corps malgré que nous en ayons,

au lieu qu'il n'y a que notre volonté qui puisse donner entrée dans nos âmes aux maladies de l'esprit.

4. Nous ne devons pas seulement regarder les défauts des autres comme des maladies, mais aussi comme des maladies qui nous sont communes. Car nous y sommes sujets comme eux. Il n'y a point de défauts dont nous ne soyons capables; et s'il y en a que nous n'ayons pas effectivement, nous en avons peut-être de plus grands. Ainsi n'ayant aucun sujet de nous préférer à eux, nous trouverons que nous n'en avons point de nous choquer de ce qu'ils font, et que si nous souffrons d'eux, nous les faisons souffrir à notre tour.

5. Les défauts des autres, si nous les pouvions regarder d'une vue tranquille et charitable, nous seroient des instructions d'autant plus utiles, que nous

en verrions bien mieux la difformité des nôtres, dont l'amour-propre nous cache toujours une partie. Ils nous pourroient donner lieu de remarquer que les passions font d'ordinaire un effet tout contraire à celui que l'on prétend. On se met en colère pour se faire croire, et l'on en est d'autant moins cru qu'on fait paroître plus de colère. On se pique de ce qu'on n'est pas aussi estimé que l'on croit le mériter, et on l'est d'autant moins qu'on cherche plus à l'être. On s'offense de n'être pas aimé, et en le voulant être par force, l'on attire encore plus l'aversion des gens.

Nous y pourrions voir aussi avec étonnement à quel point ces mêmes passions aveuglent ceux qui en sont possédés : car ces effets, qui sont si sensibles aux autres, leur sont d'ordinaire inconnus. Et il arrive souvent que, se rendant odieux, incommodes et ridicules à tout le monde, ils sont les seuls qui ne s'en aperçoivent pas.

Et tout cela nous pourroit faire ressouvenir ou des fautes où nous sommes autrefois tombés par des passions semblables, ou de celles où nous tombons encore par d'autres passions qui ne sont peut-être pas moins dangereuses, et dans lesquelles nous ne sommes pas moins aveugles : et par là toute notre application se portant à nos propres défauts, nous en deviendrions beaucoup plus disposés à supporter ceux des autres.

Enfin il faut considérer qu'il est aussi ridicule de se mettre en colère pour les fautes et les bizarreries des autres, que de s'offenser de ce qu'il fait mauvais temps, ou de ce qu'il fait trop froid ou trop chaud ; parce que notre colère est aussi peu capable de corriger les hommes que de faire changer les saisons.

Il y a même cela de plus déraisonnable en ce point, qu'en se mettant en colère contre les saisons, on ne les rend ni plus ni moins incommodes ; au lieu que l'aigreur que nous concevons contre les hommes les irrite contre nous, et rend leurs passions plus vives et plus agissantes [1].

CHAPITRE XI.

CONCLUSION.

Ce que nous avons vu jusqu'ici suffit pour donner une légère idée des moyens qui peuvent servir à conserver la paix entre les hommes, et ils sont tous compris dans ce verset du psaume : *Pax*

---

[1] Philip. 4. 7.

multa diligentibus legem tuam, et non est illis scandalum[1]. CEUX *qui aiment votre loi jouissent d'une paix abondante, et ils ne sont point scandalisés.* Car si nous n'aimions que la loi de Dieu, nous nous rendrions attentifs à ne pas choquer nos frères ; nous ne les irriterions jamais par des contestations indiscrètes, et jamais leurs fautes ne nous seroient une occasion de colère, d'aigreur, de trouble et de scandale, puisque ces fautes ne nous empêchent pas de demeurer attachés à cette loi, qu'elle nous oblige de les souffrir avec patience, et que c'est en particulier ce précepte de la tolérance chrétienne que l'apôtre appelle la loi de JÉSUS-CHRIST. *Portez,* dit-il, *les fardeaux les uns des autres, et vous observerez la loi de* JÉSUS-CHRIST[2]. Nous devons donc re-

---

[1] Ps. 118. 165. — [2] Galat. 6. 2.

connoître que toutes nos impatiences et tous nos troubles viennent de ce que nous n'aimons pas assez cette loi de la charité, que nous avons d'autres inclinations que celle d'obéir à Dieu, et que nous cherchons notre gloire, notre plaisir, notre satisfaction dans les créatures. Ainsi le principal moyen pour établir l'âme dans une paix solide et inébranlable, c'est de l'affermir dans cet unique amour qui ne regarde que Dieu en toutes choses, qui ne désire que de lui plaire, et qui met tout son bonheur à obéir à ses lois.

DE

LA CIVILITÉ CHRÉTIENNE.

CHAPITRE PREMIER.

COMMENT L'AMOUR-PROPRE PRODUIT LA CIVILITÉ.

Il n'y a rien de si naturel à l'homme que le désir d'être aimé des autres, parce qu'il n'y a rien de si naturel que de s'aimer soi-même. Or on désire toujours que ce qu'on aime soit aimé. La charité qui aime Dieu désire que Dieu soit aimé de toutes les créatures ; et la cupidité qui s'aime soi-même désireroit que nous fussions l'objet de l'amour de tous les hommes.

Nous désirons d'être aimés pour nous aimer encore davantage. L'amour des autres envers nous fait que nous nous jugeons plus dignes d'amour, et que notre idée se présente à nous d'une manière plus aimable. Nous sommes bien aises qu'ils jugent de nous comme nous en jugeons nous-mêmes, parce que notre jugement, qui est toujours foible et timide quand il est tout seul, se rassure quand il se voit appuyé de celui d'autrui, et ainsi il s'attache à soi-même avec d'autant plus de plaisir qu'il est moins troublé par la crainte de se tromper.

Mais l'amour des autres envers nous n'est pas seulement l'objet de notre vanité et la nourriture de notre amour-propre, c'est aussi le lit de notre foiblesse. Notre âme est si languissante et si foible, qu'elle ne sauroit se soutenir, si elle n'est comme portée par l'approbation et l'amour des hommes. Et il est facile de le reconnoître en s'imaginant un état où tout le monde nous condamneroit, où personne ne nous regarderoit qu'avec haine et avec mépris, ou en se figurant un oubli général de tous les hommes envers nous. Car qui pourroit souffrir cette vue sans effroi, sans trouble, sans abattement ? Or, si cette vue nous abat, il falloit que la vue contraire nous soutînt, sans même que nous y fissions réflexion.

L'amour des hommes étant donc si nécessaire pour nous soutenir, nous sommes portés naturellement à le rechercher et à nous le procurer. Et comme nous savons par notre propre expérience que nous aimons ceux qui nous aiment, ou nous aimons ou nous feignons aussi d'aimer les autres, afin d'attirer leur affection. C'est le fondement de la civilité humaine, qui n'est qu'une espèce de commerce d'amour-propre, dans lequel on tâche d'attirer l'amour des autres, en leur témoignant soi-même de l'affection.

Ces témoignages d'affection sont d'ordinaire faux et excessifs ; c'est-à-dire, que l'on témoigne beaucoup plus d'affection que l'on n'en ressent, parce que l'amour-propre qui nous attache à nous-mêmes nous détache assez de l'amour d'autrui ; mais au défaut de l'affection véritable, on substitue un langage d'affection qui ne laisse pas d'être bien reçu, parce qu'on est toujours disposé à écouter favorablement tout ce qui est à notre avantage, et ainsi l'on peut dire de tous ces discours de civilité si ordinaires dans la bouche des gens du monde, et si éloignés des sentiments de leur cœur : *Vana locuti sunt unus quisque ad proximum suum : Labia dolosa in corde et corde locuti sunt*[1] : Chacun *ne parle et ne s'entretient avec son prochain que de choses vaines : leurs lèvres sont pleines de tromperie, et ils parlent avec un cœur double.*

CHAPITRE II.

QU'IL SEMBLEROIT QUE LA CHARITÉ NOUS DEVROIT ÉLOIGNER DE LA CIVILITÉ.

Comme tous ces mouvements sont corrompus, on ne voit pas encore que la charité puisse prendre part dans ce commerce de devoirs humains et de témoignages d'affection que l'on appelle civilité ; et il semble plutôt que son instinct la doive porter à s'en éloigner. Car,

[1] Ps. 11. 3.

comme elle est toute contraire à l'amour-propre, elle nous doit donner des inclinations toutes contraires. Elle nous porte à nous haïr, et non pas à nous aimer ; et il semble par conséquent qu'elle doive plutôt souhaiter le mépris des créatures que leur amour : et surtout elle est bien éloignée de le rechercher par de fausses complaisances, ou par des paroles trompeuses qui ne répondent en rien à notre véritable disposition.

Dieu ne demande des hommes que leur amour. C'est la fin de tout ce qu'il leur commande. Ainsi quiconque désire que les autres s'attachent à lui, veut leur tenir la place de Dieu, ce qui est le comble de l'injustice ; et recevoir d'eux le tribut qui n'est dû qu'à Dieu, ce qui est une usurpation criminelle. On peut bien désirer que les autres aient de la charité pour nous, mais nous ne nous contentons pas de cela. Car la charité peut subsister avec la connoissance de nos défauts : et c'est ce que l'amour-propre ne sauroit souffrir. Il veut un amour d'estime et d'approbation, et non de pitié; principalement quand il s'agit de défauts spirituels, qui sont ceux qu'il a plus de peine à avouer. Enfin il n'aime pas la charité des autres, parce que c'est un bien pour eux, mais parce qu'il la prend pour une marque que nous méritons d'être aimés, et qu'elle lui sert ainsi à augmenter la complaisance que nous avons en nous-mêmes.

Cependant il y a une injustice toute visible à vouloir être aimé de cette sorte; car nous ne sommes nullement aimables. Nous ne sommes qu'injustice et que péché. Et vouloir qu'on aime ces choses en les connoissant, c'est vouloir que les hommes aiment le vice. Que si nous prétendons les cacher, nous voulons donc qu'ils se trompent, et qu'ils nous prennent pour autres que nous ne sommes en effet. Ainsi, de quelque côté que nous regardions cet amour, nous sommes injustes de le rechercher avec tant d'empressement.

Il est vrai qu'il n'est pas injuste que les hommes aiment en nous ce que Dieu y a mis. Mais s'ils regardent ces choses comme étant à nous, nous sommes encore injustes de désirer cet amour, puisqu'ils ont tort de nous attribuer les dons de Dieu, comme nous avons tort de nous les attribuer à nous-mêmes. Que s'ils les regardent comme de pures faveurs de Dieu que nous n'avons pas méritées, et que nous avons peut-être gâtées par le mauvais usage que nous en avons fait, leur amour est juste en cette manière; mais la complaisance que nous y avons ne l'est pas; puisque ce n'est pas cette justice qui nous plaît, mais la pensée vaine qu'en quelque manière que ce soit, nous sommes bien dans l'esprit de ces personnes, et qu'ils ont pour nous un regard d'estime sur lequel nous nous appuyons pour nous regarder nous-mêmes avec plus d'estime.

Y ayant donc tant de danger dans l'amour des créatures, il semble que l'instinct de la charité soit de l'éviter, de peur que ce regard secret ne corrompe nos meilleures actions. C'est ce qui a fait tant rechercher la solitude aux saints, et qui la rend si utile à tout le monde. Car en nous séparant des créatures, on se prive de la vue de leurs jugements, de la vaine complaisance dans leur estime, et de la mauvaise recherche de leur affection.

Toutes les amitiés humaines seront anéanties par la mort, et nous entrerons tous à ce moment dans une solitude éternelle, où toutes nos attaches seront rompues. Car les méchants mêmes seront détachés les uns des autres, parce qu'ils n'auront les uns pour les autres que de l'aversion et de la haine. Et les bons seront tellement remplis de Dieu, qu'ils ne regarderont plus les créatures qu'en Dieu : en sorte que la vue qu'ils en auront ne troublera point leur solitude et leur repos par aucun regard qui les détourne tant soit peu de Dieu. Ils ne les aimeront que par une effusion de l'amour qu'ils auront pour Dieu; de sorte que ce sera Dieu qu'ils aimeront en elles, et qu'ils verront, selon qu'il est écrit, que *Dieu sera tout en tous* [1]. Que si la vie présente doit être une préparation à l'éternelle, ne faut-il pas tâcher de se détacher les uns des autres dès ce monde, et s'accoutumer autant qu'on peut à se contenter de Dieu, en

[1] Cor. 15. 28.

se privant de toutes ces satisfactions humaines et de tous ces témoignages de tendresse, qui ne contentent que l'amour-propre, en se réduisant les uns envers les autres aux services réels, et qui peuvent contribuer quelque chose au bien de nos âmes?

Si l'amour des créatures est un appui que notre foiblesse recherche, comme nous devons tâcher de devenir forts, ne faut-il pas s'efforcer aussi de nous priver de ces appuis humains, pour nous appuyer davantage sur Dieu même? Car ces appuis ont cela de mauvais, qu'en soutenant notre foiblesse, ils l'entretiennent et l'augmentent, parce qu'en se nourrissant de ce pain de l'amour-propre, on se dégoûte du pain solide de la justice et de la volonté de Dieu, qui est la source de la force chrétienne.

La force d'un corps n'est pas de n'avoir point besoin de son appui naturel, qui est la terre, mais c'est de n'avoir besoin que de la terre, et de se pouvoir passer de tous les autres appuis étrangers. Ainsi la force d'une âme est de ne s'appuyer sur aucune créature, et de se contenter de son appui naturel, qui est Dieu. Il suffit à une âme qui est forte, de savoir que Dieu la voit, qu'elle est dans son ordre, et qu'elle exécute sa volonté. Ce pain la nourrit, la soutient, la fortifie et lui tient lieu de tout. Et c'est aussi ce que JÉSUS-CHRIST nous a voulu enseigner, lorsqu'il disoit de lui-même, que sa nourriture étoit d'accomplir la volonté de son Père : *Meus cibus est ut faciam voluntatem Patris mei*[1].

Heureux ceux qui se nourrissent de ce pain, et qui en font leurs délices : car ce pain ne leur peut jamais man-

---

[1] Joan. 4. 34.

quer ! Que toutes les créatures les abandonnent ; qu'ils soient accablés de misères et de maladies ; qu'ils soient chargés d'opprobres et d'ignominies de la part des hommes ; ils ont toujours cette nourriture qui les fortifie, qui les soutient, et qui les console. Car ils voient toujours la volonté de Dieu partout ; ils savent qu'elle est pleine de justice et de miséricorde ; et cela leur suffit. C'est cette maison bâtie sur le roc qui ne peut être ébranlée par les vents, par les pluies et par les tempêtes. C'est cette maison du juste remplie de force, dont il leur dit [1] : *Domus justi plurima fortitudo.* C'est à quoi nous exhorte le sage quand il nous ordonne de nous joindre à Dieu, *conjungere Deo* [2] : car qui est joint à Dieu par l'amour de sa volonté, est plus fort que

[1] Prov. 15. 6.
[2] Eccli. 2. 2.

tous les hommes, puisqu'il a pour soi toute la force de Dieu.

Il faut tendre à cette force : il faut aspirer à goûter cette nourriture ; mais comme on ne fortifie le corps des enfants qu'en l'accoutumant à marcher sans appui, et en le privant des viandes de l'enfance, pour le nourrir des viandes plus fortes et plus solides ; il semble aussi qu'on ne peut parvenir à la force chrétienne qu'en se privant de tous ces appuis que nous trouvons dans la complaisance et l'amour des créatures, et en nous accoutumant à nous passer de Dieu seul.

Il semble donc qu'on doive conclure de tout cela que nous ne devons désirer ni l'amour des créatures, ni les témoignages qu'elles nous en rendent ; qu'elles nous font plaisir de nous oublier ; que leur indifférence nous est favorable ; que leur affection même nous est dangereuse. Mais faut-il conclure aussi que nous devons les traiter de même avec indifférence, qu'il faut retrancher toutes les civilités non nécessaires, et se réduire envers les autres aux seuls offices de charité ? On pourroit croire que c'est une conséquence des mêmes preuves. Car nous les devons aimer comme nous nous aimons nous-mêmes ; et nous ne leur devons pas souhaiter ce que nous croyons dangereux pour nous. Ainsi nous deviendrons incivils et sauvages par principe de conscience. Cependant cela paroît contraire à l'esprit et à la pratique de tous les saints, qui ont été pleins de tendresse pour leurs amis, et qui n'ont point retenu l'effusion de leur charité, même dans les occasions où il ne paroissoit pas si nécessaire de la témoigner. Il n'y a rien de plus tendre que saint Paulin, saint Augustin et saint Bernard. Il faut donc craindre que nous ne poussions ces maximes trop loin ; et c'est ce qui nous oblige d'examiner si la charité n'a point de motifs et de raisons qui la puissent porter à pratiquer les devoirs de la civilité du monde ; et si elle ne peut point faire très-purement et très-sincèrement ce que les gens du monde font par un esprit d'intérêt et avec déguisement.

CHAPITRE III.

COMMENT LA CHARITÉ PEUT PRENDRE PART AUX DEVOIRS DE LA CIVILITÉ.

Et premièrement en ce qui regarde la sincérité, la charité ne doit point appréhender de la blesser dans les civilités qu'elle rend au prochain. Et l'on peut dire qu'à cet égard il n'appartient qu'à la charité d'être civile, parce qu'il n'y a qu'elle qui le puisse être sincèrement. Car honorant et aimant, comme elle fait, Jésus-Christ même dans le prochain, peut-elle craindre de l'honorer ou de l'aimer avec excès ? Que si nous ne ressentons pas toujours pour les autres toute la tendresse que nous leur faisons paroître, il suffit que nous soyons convaincus que nous la devrions ressentir, et que nous tâchions de l'acquérir par ces témoignages mêmes d'affection que nous leur rendons. Car cela fait qu'ils ne sont point faux et trompeurs, puisqu'ils sont conformes à notre désir et à notre inclination.

Il n'y a aussi que la charité qui nous fournisse des raisons générales d'aimer tous les hommes, et de nous soumettre à eux. L'amour-propre ne nous fait aimer que ceux qui nous aiment et qui nous sont utiles ; il ne nous assujettit qu'à ceux qui sont plus puissants que nous ; et il nous porte au contraire à vouloir dominer sur tous les autres autant qu'il nous est possible. Mais la charité embrasse tous les hommes dans son amour et dans sa soumission. Elle les regarde tous comme les ouvrages du Dieu qu'elle adore, comme rachetés du sang de son Sauveur, comme appelés au royaume où elle aspire. Et ces qualités lui suffisent pour les aimer, et même pour nous les faire regarder comme nos maîtres, puisque nous nous devons tenir trop heureux de servir dans les moindres choses les membres de Jésus-Christ, et les élus de Dieu. Elle possède donc en elle les vraies sources de la civilité, qui sont un amour et une soumission intérieure envers les autres : et quand elle les fait paroître au dehors, ce n'est qu'une effusion toute naturelle des mouvements qu'elle imprime dans le cœur.

La civilité consiste à céder aux autres, autant que l'ordre du monde le peut permettre, à les préférer à soi, à les considérer au-dessus de soi. L'orgueil, qui nous rabaisse effectivement au-dessous d'eux, ne le peut souffrir; mais la charité, qui nous relève au-dessus de plusieurs, n'a point de peine à se rabaisser de cette sorte, non par grimace ou déguisement, mais par un jugement véritable qu'elle nous fait porter de nous-mêmes. Écoutons ce que dit le sage[1] : *Voici*, dit-il, *les paroles d'un homme avec qui Dieu est, et qui, étant fortifié par la présence de Dieu qui le remplit, a dit* : (ce sera donc le langage de la charité que nous allons entendre, puisque c'est ce qui sort d'un cœur plein de Dieu; que dira-t-il donc? (*Je suis le plus fou de tous les hommes et la sa-*

---

[1] Prov. 30. 1. 2. et 3.

gesse des hommes n'est point avec moi. Je n'ai point appris la sagesse, et je ne connois point la science des saints. STULTISSIMUS *sum virorum, et sapientia hominum non est mecum : Non didici sapientiam, et non novi scientiam sanctorum.* Cette plénitude de Dieu se termine à lui faire connoître la profondeur de son ignorance et son néant, et à faire qu'il se regarde comme le plus misérable de tous les hommes. Et cette connoissance n'est point fausse, parce qu'elle a pour objet ce qui lui convient par la nature, selon laquelle il est vrai que les plus justes n'ont pas moins de corruption que les plus méchants : et que lui faisant voir ses défauts de plus près que ceux des autres, il peut dire véritablement qu'ils sont plus grands à ses yeux ; comme nous disons que la lune est plus grande que les étoiles, parce qu'elle nous paroît telle en la voyant.

La charité a donc tout ce qui lui est nécessaire pour être sincèrement civile ; et l'on peut dire qu'elle enferme une civilité intérieure envers tous les hommes, qui leur seroit infiniment agréable s'ils la voyoient. Mais est-il bon de la leur faire paroître, et peut-on avoir des motifs légitimes de la produire au dehors, puisque celui d'attirer leur affection pour s'y plaire est mauvais et corrompu ? Il est vrai que s'il n'y avoit que celui-là, elle se porteroit plutôt à cacher son émotion qu'à la découvrir : mais elle en a beaucoup d'autres ; et le premier est qu'en se répandant en ces témoignages extérieurs d'amitié envers les hommes, elle se nourrit et se fortifie elle-même. Elle fait paroître qu'elle les aime, afin de les aimer davantage. Car la charité est un feu qui a besoin d'air et de matière, et qui s'éteint bientôt s'il est toujours étouffé. C'est une vertu qui a besoin d'être exercée comme les autres. Ainsi, comme elle fait la vie, la santé et la force de nos âmes, nous devons chercher des occasions de la pratiquer. Et il n'y en a point de plus fréquentes que celles que nous fournit la civilité.

Nos âmes sont sujettes à plus d'une sorte de maladie ; et il faut bien prendre garde qu'en tâchant d'éviter les unes, on ne tombe en d'autres plus dangereuses. C'est un mal que d'avoir de la complaisance dans l'amour que les hommes ont pour nous ; mais c'est encore un plus grand mal d'avoir de l'indifférence pour les hommes, d'être insensible à leurs biens et à leurs maux, et de se renfermer en soi seul, de ne songer qu'à soi ; et l'amour-propre ne nous donne pas moins de pente à ce vice qu'à tous les autres. Or il arrive souvent, si l'on n'y prend garde, qu'en prétendant se détacher de ces commerces de civilité et d'amitié envers les hommes, on tombe dans un état de sécheresse, de froideur et d'indifférence intérieure pour eux. On les oublie, non pour s'attacher à Dieu, mais pour se remplir de soi-même. On s'éloigne d'eux insensiblement. Ils nous deviennent étrangers. Et en voulant pratiquer la charité d'une manière trop spirituelle, nous perdons effectivement la charité spirituelle, et l'affection humaine qui fait le lien de la société civile.

La charité se porte encore à la civilité par les avantages qu'elle en retire : car il n'y auroit rien de plus utile que la civilité, si nous la savions bien ménager. Elle nous donne lieu d'honorer dans les hommes toutes les grâces que Dieu leur distribue, et de diversifier nos mouvements intérieurs selon la diversité de ces grâces. Car si c'est une personne pénitente, et que Dieu ait retirée des déréglements du monde, nous devons honorer en elle la force de la grâce de Jésus-Christ, et sa victoire sur le monde. Nous devons respecter en elle la pénitence, et la considérer comme étant par cette vertu beaucoup au-dessus de nous. Si ce sont des grands, on honore en eux l'autorité de Jésus-Christ à laquelle ils participent; et si ce sont des grands vertueux, on honore la grandeur de la grâce qu'ils ont reçue, qui leur a fait surmonter tous les obstacles de leur condition. On honore la pauvreté de Jésus-Christ dans les pauvres, son humilité dans ceux qui sont humbles, ou qui sont dans un état rabaissé; sa pureté dans les vierges; ses souffrances dans ceux qui sont affligés; et enfin, sous l'apparence d'une vertu tout humaine, l'on pratique et l'on honore toutes les vertus chrétiennes.

Il est vrai que l'on pourroit à peu

près faire toutes ces choses par des actions purement intérieures. Mais il est utile d'être averti de les pratiquer; et les devoirs de la civilité humaine nous en avertissent, comme les devoirs extérieurs de respect que l'on rend à Dieu par la posture de son corps nous avertissent de tâcher à mettre notre âme dans la disposition intérieure de respect et d'adoration où nous devons être envers la divine Majesté. Et ces avertissements nous sont d'autant plus utiles, qu'ils sont plus fréquents, et il est assez rare qu'on puisse pratiquer la charité envers le prochain par des services réels, les occasions ne s'en présentant pas souvent. Mais le commerce de la civilité est bien plus ordinaire et plus continuel. Il nous coûte peu, et nous donne néanmoins moyen de gagner beaucoup par cet exercice continuel de la charité.

CHAPITRE IV.

AVANTAGES QUE LA PRATIQUE DE LA CIVILITÉ PROCURE A CEUX ENVERS QUI ON L'EXERCE.

Mais si la pratique de cette civilité chrétienne est utile pour nous, elle ne l'est pas moins pour les autres. S'ils sont spirituels, l'affection que l'on leur témoigne redouble leur charité; et s'ils sont charnels, elle flatte à la vérité leur amour-propre, ce qui est un mal qui vient de leur mauvaise disposition, mais elle les préserve d'un beaucoup plus grand où ils tomberoient si l'on n'avoit soin de les soutenir en leur faisant paroître de l'affection. Car si l'on n'a soin de les entretenir en cette manière par les devoirs de la civilité humaine, ils s'éloignent absolument de ceux qui les traitent avec indifférence, et ils perdent toute la créance qu'ils avoient en eux, de sorte que l'on devient incapable de les servir. Il est donc de la charité de les soutenir dans cette foiblesse, en leur faisant paroître qu'on les aime et qu'on les estime, en attendant que la charité succède à cette disposition imparfaite.

Il faut agir avec les hommes comme avec des hommes, et non comme avec des anges. Et ainsi il est nécessaire que notre conduite avec eux soit proportionnée à leur état commun. Or cet état commun est que l'amitié et l'union qui est entre les personnes même de piété, est encore mêlée de beaucoup d'imperfections ; de sorte qu'on doit supposer qu'outre les liens spirituels qui les unissent entre eux, ils sont encore attachés par une infinité de petites cordes tout humaines dont ils ne s'aperçoivent pas, et qui consistent dans l'estime et dans l'affection qu'ils ont les uns pour les autres, et dans les petites consolations qu'ils reçoivent du commerce qu'ils ont entre eux. Et la fermeté de leur union ne dépend pas seulement de ces liens spirituels, mais aussi de ces autres cordes humaines qui la conservent.

Il arrive de là que lorsque ces petites cordes viennent à se rompre par une infinité de petits scandales, de petits mécontentements, on vient ensuite à se diviser dans les choses même les plus importantes ; et si l'on y prend bien garde, on trouvera que toutes les désunions fâcheuses que l'on voit arriver entre des personnes de piété qui avoient été autrefois fort unies, ont d'ordinaire été précédées de refroidissements causés par le manque d'attention à se rendre certains devoirs de civilité. Il seroit à la vérité à désirer que l'union des chrétiens entre eux fût plus ferme, plus pure, plus indépendante de toutes ces consolations humaines ; et il faut travailler sur soi-même à s'en pouvoir passer. Mais la charité semble obliger à ne se pas dispenser à l'égard des autres de ces devoirs auxquels la civilité nous oblige, non en les jugeant foibles, mais en supposant qu'ils le peuvent devenir, et en évitant ainsi de leur donner aucun prétexte de refroidissement envers nous.

C'est pourquoi c'est une chose qui nous est recommandée par les apôtres, de rendre la piété aimable aux personnes même du monde, afin de les y attirer doucement. Or il est impossible qu'elle soit aimable, si elle est farouche, incivile, grossière, et si elle n'a soin de témoigner aux hommes qu'elle les aime, qu'elle désire de les servir, et qu'elle est pleine de tendresse pour eux. Si l'on ne les sert pas effectivement par ce moyen, au moins on ne les choque pas, et l'on prépare toujours leur esprit à recevoir la vérité avec moins d'opposition. Il faut donc tâcher à purifier la civilité, et non pas à la bannir. Il faut attirer l'affection des hommes, non pour y prendre une mauvaise complaisance, mais afin que cette affection nous mette en état de les servir, et parce que cette affection même est un bien pour eux, qui leur donne de l'estime de la piété, qui les y dispose, s'ils n'en ont pas, et qui sert à la conserver en eux s'ils en ont [1].

L'apôtre saint Pierre, en nous recommandant d'inspirer l'humilité en toutes choses, ne nous recommande-t-il pas une pratique continuelle de civilité?

[1] I. Petr. 5. 5.

Car la civilité est une humilité extérieure, et elle devient intérieure quand nous l'exerçons par des vues spirituelles. Saint Paul la prescrit encore plus expressément lorsqu'il ordonne de se prévenir les uns les autres par des témoignages de respect : *Honore invicem præventientes*[1].

CHAPITRE V.

MOYEN D'ACCORDER CES CONTRARIÉTÉS APPARENTES. RÈGLES QU'ON DOIT GARDER DANS LA PRATIQUE DE LA CIVILITÉ.

Voilà donc un combat, non de vices, mais de vertus. Il faut rechercher l'af-

---

[1] Rom. 12. 10.

fection des hommes, en leur en témoignant par des devoirs de civilité pour les servir ; pour entretenir l'union avec eux ; pour empêcher qu'ils ne s'éloignent de nous, et que la charité ne s'éteigne en eux ; pour augmenter et pour nourrir la charité dans nous-mêmes ; pour pratiquer diverses vertus. Il faut se priver de la recherche de l'affection des hommes et de tout ce qui l'attire, parce que c'est une tentation pour nous; parce que ces complaisances humaines nous entretiennent dans une foiblesse spirituelle ; parce que nous devons tendre dès cette vie à nous contenter de Dieu seul, et à nous détacher de tout le reste. Ce sont des raisons spirituelles de part et d'autre. Mais qui sont celles qui le doivent emporter? Il est assez difficile de le décider. On trouvera que les saints ont suivi tantôt les unes et tantôt les autres. Voici néanmoins quelques règles qu'il semble que l'on y pourroit garder.

Lorsqu'il y a peu d'espérance de pouvoir servir certaines personnes, que nous n'en sommes pas chargés, que le commerce que nous pouvons avoir avec elles nous peut nuire, quand ce ne seroit que par le temps qu'il y faudroit employer, il faut se contenter à leur égard des devoirs indispensables de civilité, qui les scandaliseroient si l'on y manquoit, et il faut retrancher tous ceux qui n'auroient pour but que de leur plaire et de former une liaison particulière avec elles.

Quand on est attiré à une solitude extraordinaire, et qu'on reconnoît que cette solitude nous attache à Dieu sans nous attacher à nous-mêmes, et sans nous porter à l'indifférence pour nos amis, on a plus de liberté de se soustraire aux commerces de civilité, qui ne sont pas absolument nécessaires, pourvu que notre genre de vie nous serve d'excuse, et que notre retraite soit si uniforme, qu'elle ne donne point de lieu de nous accuser que ce soit par mépris et par indifférence que nous ne rendons pas ces devoirs aux autres.

Mais si nous menons une vie commune ; si nous conservons par nécessité diverses liaisons avec le monde ; si la solitude entière ne nous est pas propre ; si nous avons besoin nous-mêmes de quelques consolations humaines; si nous avons contracté dans l'ordre de Dieu diverses unions avec plusieurs personnes auxquelles il n'est pas bon de renoncer, il paroît beaucoup plus avantageux de prendre l'autre conduite, qui est de ménager les occasions de leur témoigner de l'affection et de se faire aimer d'eux.

Il faut seulement tâcher que notre

civilité soit différente de celle des gens du monde ; qu'elle soit toute véritable et toute sincère ; qu'elle ne soit ni légère ni flatteuse ; qu'elle ne se répande point en paroles, en compliments, en louanges ; qu'elle ne nous emporte pas une partie considérable de notre temps; qu'elle ne soit pas une source d'amusements et d'inutilités ; qu'elle inspire la piété, et qu'elle ressente la modestie ; et que si elle fait paroître aux hommes la bonté et la douceur de Jésus-Christ, ce ne soit que pour leur inspirer la fuite et l'aversion de l'esprit du monde, et pour les porter à mener une vie toute chrétienne.

Il ne faut pas néanmoins prendre jamais pour règle générale de pratiquer la civilité envers tout le monde ; car il y a des gens dont on ne sauroit se défaire que par quelque espèce d'incivilité, et qui nous accableroient de visites et de billets si on leur témoignoit de la complaisance. Il faut donc par nécessité faire paroître à ces personnes quelque froideur, de peur qu'ils ne nous ravissent ce que nous avons de plus précieux, qui est notre temps. Si l'on peut se soustraire à ce commerce inutile sans leur donner sujet de se plaindre, à la bonne heure : mais si l'on ne le peut, il vaut mieux qu'ils se plaignent de nous, que non pas que l'on nous puisse reprocher avec justice ce que dit l'Écriture : Que les étrangers ont dévoré tout ce qui étoit de plus nécessaire pour soutenir notre vie, sans que nous nous en soyons aperçus. *Comederunt alieni robur ejus, et nescivit.*

¹ Osée, 7.

FIN.

TABLE DES CHAPITRES.

DE LA FOIBLESSE DE L'HOMME.

I. Idée que l'orgueil nous donne de nous-mêmes. On ne travaille dans le monde que pour embellir cette idée. Que l'orgueil de tous les peuples est de même nature, des grands, des petits, des nations policées et des sauvages... Page 1

II. Qu'il faut humilier l'homme en lui faisant connoître sa foiblesse, mais non en le réduisant à la condition des bêtes.. 7

III. Description de l'homme, et premièrement de la machine de son corps. Combien l'idée qu'il a de sa force est mal fondée. L'homme fuit de se comparer aux autres créatures, de peur de recon-

FF

noître sa petitesse en toutes choses. Il le faut forcer à faire cette comparaison. P. 11

IV. Néant de la vie présente de l'homme, et de tout ce qui est fondé sur cette vie. 19

V. Avertissements continuels que nous avons de la fragilité de notre vie, par les nécessités auxquelles nous sommes assujettis... 29

VI. Examen des qualités spirituelles des hommes. Foiblesse qui les porte à en juger, non par ce qu'elles ont de réel, mais par l'estime que d'autres hommes en font. Vanité et misère de la science des mots, de celle des faits, et des opinions des hommes...................... 32

VII. Qu'on est aussi heureux d'ignorer que de savoir la plupart des sciences. L'homme ne connoît pas même son ignorance........................ 40

VIII. Bornes étroites de la science des hommes: notre esprit raccourcit tout. La vérité même nous aveugle souvent. 46

IX. Difficulté de connoître les choses dont on doit juger par la comparaison des vraisemblances. Témérité prodigieuse de ceux qui se croient capables de choisir une religion, par l'examen particulier de tous les dogmes contestés....... Page 52

X. Que le monde n'est presque composé que de gens stupides qui ne pensent à rien. Que ceux qui pensent un peu davantage ne valent pas mieux. Trouble que l'imagination cause à la raison. Folie commencée dans la plupart des hommes... 56

XI. Foiblesse de la volonté de l'homme plus grande que celle de la raison. Peu de gens vivent par raison. La volonté ne sauroit résister à des impulsions dont nous savons la fausseté. Les passions viennent de foiblesse. Besoin que l'âme a d'appui 64

XII. Considération particulière sur la vanité des appuis que l'âme se fait pour se soutenir.. 70

XIII. Que tout ce qui paroît de grand dans la disposition de l'âme de ceux qui ne sont pas véritablement à Dieu n'est que foiblesse.. 77

XIV. Foiblesse de l'homme dans ses vices

et dans ses défauts. Nulle force qu'en Dieu.................... Page 84

XV. Foiblesse de l'homme paroît encore davantage, en quelque sorte, dans ceux qui sont à Dieu..................... 89

DE LA SOUMISSION A LA VOLONTÉ DE DIEU.

PREMIÈRE PARTIE.

I. Que la vie païenne, c'est de suivre sa propre volonté, et la vie chrétienne de suivre celle de Dieu................ 95

II. Deux manières de considérer la volonté de Dieu : comme règle de nos actions; comme cause de tous les événements. Explication de la première manière. On possède quelquefois la charité sans le savoir, et l'on ne l'a pas quand on le croit....................... 100

III. Combien David étoit touché de l'amour de la loi de Dieu. Excellence du psaume : *Beati immaculati*............ 108

IV. Réflexions sur la prière de saint Paul : « Seigneur, que voulez-vous que je fasse. » 1. Qu'il faut demander à Dieu de connoître ses propres devoirs. Comment la connoissance des devoirs d'autrui nous peut devenir propre .... Page 114

V. 2. Réflexion. Qu'il faut demander des lumières de pratique, et régler encore plus les mouvements intérieurs que les actions extérieures. 3. Réflexion. Qu'il faut demander à connoître la volonté de Dieu tout entière.................... 120

VI. Qu'il n'y a point d'exercice du matin plus naturel que de demander à Dieu qu'il nous fasse connoître et suivre sa volonté, et de régler par avance ses actions par ce que l'on en connoîtra. Que l'attention à cette volonté est le vrai exercice de la présence de Dieu................... 128

VII. Qu'il faut toujours régler les actions extérieures, quoique l'on soit troublé au dedans. Que cette conduite est la source de l'égalité d'esprit. Qu'un homme de bien n'a point d'humeur. Exemple de ce caractère dans feu monseigneur l'évêque d'Alet...................... 133

VIII. Actions de vertu que la vue de la volonté de Dieu nous découvre. Ordre des actions : Qu'il n'y faut pas être attaché. Obéissance religieuse facilite la vie chrétienne.................. Page 139

IX. Que nous devons principalement avoir en vue d'obéir à Dieu dans le moment présent. Que, quelque éloigné de Dieu que l'on soit, on peut rentrer dans son ordre en un instant. Que la loi de Dieu découvre à tous un chemin de paix.. 148

X. Que la vue de la volonté de Dieu, comme justice, fait le paradis et l'enfer, selon les différentes dispositions de ceux qui la regardent...................... 153

SECONDE PARTIE.

I. Que la vue de la volonté de Dieu, comme justice, nous oblige de nous soumettre à cette même volonté considérée comme cause de tous les événements. Qu'il faut remonter dans tous ces événements, jusqu'à la première cause, sans s'arrêter aux secondes..................... 160

II. Que la vue de la volonté de Dieu change à notre égard toute la face du monde. Idée d'une armée. Elle nous découvre le règne de Dieu, rend toutes les histoires des histoires de Dieu............ Page 165

III. Comment la vue de la volonté de Dieu nous doit faire considérer le passé et le futur, et comment la soumission qu'on lui doit s'accorde avec la pénitence, le zèle, la compassion, la prévoyance............................... 170

IV. Que l'incertitude de la volonté de Dieu à l'égard de l'avenir nous doit empêcher d'en juger sur des rencontres fortuites. Ce que la vue de cette volonté retranche, ou ne retranche pas dans nos actions............................... 183

V. Qu'il faut pratiquer la soumission à la volonté de Dieu à l'égard des petits événements. Des défauts corporels. Des suites de nos péchés. Exemple d'Adam. 188

VI. Quelle est la soumission que nous devons à la volonté de Dieu ; à l'égard de notre salut éternel. Qu'il est juste d'épargner sa propre foiblesse sur ce point. Combien la vue de la volonté de Dieu facilite la conduite de la vie chrétienne. 196

DES DIVERSES MANIÈRES DONT ON TENTE DIEU.

I. Fondement de la défense qui nous est faite de tenter Dieu. En quoi consiste ce péché.................... Page 203

II. Preuves de cette vérité par saint Augustin, qu'il n'est pas permis de négliger les moyens ordinaires pour attendre des miracles........................ 211

III. Pourquoi Dieu cache ses opérations sous l'apparence de celles de la nature, dans les effets extérieurs qu'il produit sur les corps, et dans ce qu'il fait sur les âmes............................. 217

IV. Que toutes les règles que les Pères donnent pour la vie spirituelle sont établies sur ce principe : que Dieu cache ses opérations surnaturelles sous l'apparence d'un ordre tout naturel............ 226

V. Comment cette doctrine s'accorde avec la nécessité de la grâce efficace. Éclaircissement des difficultés qu'on peut former sur ce point.................. 242

VI. Diverses autres manières de tenter Dieu. 252

DES MOYENS DE CONSERVER LA PAIX AVEC LES HOMMES.

PREMIÈRE PARTIE.

I. Hommes citoyens de plusieurs villes. Ils doivent procurer la paix de toutes, et s'appliquer en particulier à vivre en paix dans la société où ils passent leur vie, et dont ils font partie............ Page 263

II. Union de la raison et de la religion à nous inspirer le soin de la paix....... 268

III. Raison des devoirs de garder la paix avec ceux avec qui on vit............ 277

IV. Règle générale pour conserver la paix. Ne blesser personne et ne se laisser blesser de rien. Deux manières de choquer les autres : contredire leurs opinions ; s'opposer à leurs passions........... 287

V. Causes de l'attache que les hommes ont à leurs opinions. Qui sont ceux qui y sont plus sujets.................... 290

VI. Quelles sont les opinions qu'il est plus dangereux de choquer.............. 303

VII. L'impatience qui porte à contredire

les autres est un défaut considérable. Qu'on n'est pas obligé de contredire toutes les fausses opinions. Qu'il faut avoir une retenue générale, et se passer de confident, ce qui est difficile à l'amour-propre.................................. Page 308

VIII. Qu'il faut avoir égard à l'état où l'on est dans l'esprit des autres pour les contredire.................................... 317

IX. Qu'il faut éviter certains défauts en contredisant les autres................... 321

X. Qui sont ceux qui sont les plus obligés d'éviter les défauts marqués ci-dessus. Qu'il faut régler son intérieur aussi bien que son extérieur, pour ne pas choquer ceux avec qui l'on vit................... 330

XI. Qu'il faut respecter les hommes, et ne regarder pas comme dure l'obligation que l'on a de les ménager. Que c'est un bien que de n'avoir ni autorité ni créance....................................... 338

XII. Que quoique le dépit que les hommes ont quand on s'oppose à leurs passions soit injuste, il n'est pas à propos de s'y opposer. Trois sortes de passions : justes, indifférentes, injustes. Comment on se doit conduire à l'égard des passions injustes.......................... Page 343

XIII. Comment on se doit conduire à l'égard des passions indifférentes et justes des autres........................ 351

XIV. Que la loi éternelle nous oblige à la gratitude.................... 357

XV. Raisons fondamentales du devoir de la civilité....................... 361

SECONDE PARTIE.

I. Qu'il ne faut pas établir sa paix sur la correction des autres. Utilité de la suppression des plaintes. Qu'elles font ordinairement plus de mal que de bien..... 366

II. Vanité et injustice de la complaisance que l'on prend dans les jugements avantageux qu'on porte de nous.......... 380

III. Qu'on n'a pas droit de s'offenser du mépris ni des jugements désavantageux qu'on fait de nous.................. 388

IV. Que la sensibilité que nous éprouvons à l'égard des discours et des jugements désavantageux que l'on fait de nous, vient de l'oubli de nos maux. Quelques remèdes de cet oubli et de cette sensibilité.......................... Page 396

V. Qu'il est injuste de vouloir être aimé des hommes........................ 404

VI. Qu'il est injuste de ne pouvoir souffrir l'indifférence. Que l'indifférence des autres envers nous nous est plus utile que leur amour......................... 413

VII. Combien le dépit qu'on ressent contre ceux qui manquent de reconnoissance envers nous est injuste............... 417

VIII. Qu'il est injuste d'exiger la confiance des autres, et que c'est un grand bien que l'on n'en ait pas pour nous....... 424

IX. Qu'il faut souffrir sans chagrin l'incivilité des autres. Bassesse de ceux qui exigent la civilité.................. 429

X. Qu'il faut souffrir les humeurs incommodes............................. 433

XI. Conclusion......................... 441

DE LA CIVILITÉ CHRÉTIENNE.

I. Comment l'amour-propre produit la civilité.................... Page 444

II. Qu'il sembleroit que la charité nous devroit éloigner de la civilité......... 448

III. Comment la charité peut prendre part aux devoirs de la civilité............ 459

IV. Avantages que la pratique de la civilité procure à ceux envers qui on l'exerce.. 469

V. Moyen d'accorder ces contrariétés apparentes. Règles qu'on doit garder dans la pratique de la civilité............. 474

FIN DE LA TABLE.

CETTE ÉDITION
DÉDIÉE AVX BIBLIOPHILES FRANÇOIS
A ÉTÉ IMPRIMÉE AVEC LES CARACTÈRES DE
CH. LAHVRE AVX FRAIS ET PAR LES
SOINS DE J. TECHENER LIBRAIRE
DEMEVRANT RVE DE L'ARBRE-
SEC PRÈS LA COLON-
NADE DV LOVVRE
M DCCC LVI

www.ingramcontent.com/pod-product-compliance
Lightning Source LLC
Chambersburg PA
CBHW071613230426

43669CB00012B/1927